COURS
DE THÊMES.

OUVRAGE DU MÊME AUTEUR.

Vocabulaire classique de la langue française, rédigé pour un cours complet de langue maternelle, et mis à la portée des commençans; où l'on a retranché les expressions obscènes et populaires, les termes de sciences et d'arts les moins usités; 1 vol. in-8.°

Grammaire française des commençans, par demandes et par réponses, avec des tableaux synoptiques pour les verbes, et des modèles gradués d'analyse grammaticale; 1 vol. in-12.

Corrigé du cours de thèmes, calqués sur les règles de la Grammaire française; 1 vol. in-12.

Ces Ouvrages et le *Cours de Thêmes*, se trouvent aussi :

A Laon, chez Varlet-Berleux, Libraire, rue Châtelaine;
A Amiens, chez Caron-Vitet, Imprimeur-Libraire;
A St.-Quentin, chez Willot-Adam, Libraire, grand'place;
A Péronne, chez Déprez, Libraire, sur la place;
Chez tous les Libraires des villes importantes;
Et chez l'Auteur, à Vailly-sur-Aisne.

———

Les formalités voulues par la loi ont été remplies.

Les exemplaires qui ne seront point revêtus de la signature de l'Auteur, seront réputés contrefaits.

COURS
DE THÊMES,

rédigés

EN FORME DE CACOGRAPHIE ET DE CACOLOGIE,

ET CALQUÉS SUR LES RÈGLES

de la nouvelle

GRAMMAIRE FRANÇAISE,

Par demandes et par réponses, avec des tableaux synoptiques pour les verbes, et des modèles gradués d'analyse grammaticale; Mise en usage dans la Maison royale de Saint-Denis, par autorisation de Son Excellence Monseigneur le Grand-Chancelier de la Légion d'honneur;

Par A. BONNAIRE,

Directeur du Pensionnat de la ville de Vailly;

OUVRAGE PROPRE A ÊTRE MIS ENTRE LES MAINS DES ÉLÈVES,
EN MÊME TEMPS QUE LA GRAMMAIRE;

Par le même.

Jeunes enfants, objet de tous mes vœux,
Que pour vos cœurs l'étude ait quelques charmes;
Je viens aider vos élans généreux!
Puissé-je aussi vous épargner des larmes!

A PARIS,

Chez LECOINTE, Libraire-Commissionnaire pour la France
et l'Etranger, quai des Augustins, n.° 49.

A SOISSONS,

Chez ARNOULT, Libraire, rue de la Congrégation, n.° 3.

1830.

LAON. — MELLEVILLE, IMPRIMEUR,
rue Serurier, n. 56,

PRÉFACE.

Il existe un grand nombre d'ouvrages destinés à l'enseignement de la langue française. La plupart de ces ouvrages sont au-dessus de la portée des jeunes élèves. On les met néanmoins entre leurs mains, puisqu'il ne s'en trouve pas de plus faciles ; et l'on en a vu, au moyen des méthodes cacographiques, faire des progrès rapides, et vaincre les plus grandes difficultés de l'orthographe.

Je ne veux point démontrer ici le vice de presque toutes ces cacographies ; car les auteurs qui les ont publiées, déjà recommandables par d'autres écrits, ont, en quelque sorte, droit à l'estime que les maîtres ont accordée à leur méthode.

On me permettra cependant trois observations sur ces sortes d'ouvrages.

Premièrement. Dans les uns, on rencontre l'orthographe d'usage corrompue ; et ce moyen, je crois, est plutôt nuisible qu'utile : car, habituer les élèves à douter de l'orthographe usuelle d'un mot, c'est les exposer à le mal écrire, puisqu'ils n'ont alors d'autre guide que le dictionnaire. Mais dans combien de circonstances leur sera-t-il difficile de s'en servir, lorsqu'ils seront sortis des mains de leurs maîtres ?

Un inconvénient non moins capable de rebuter l'élève, s'y présente, au sujet de ces mots que l'on prononce et que l'on écrit différemment. Pourquoi lui en dénaturer l'orthographe, et lui présenter comme fausse la véritable manière de les écrire? Ne suffit-il point de lui faire remarquer que l'usage a consacré telle ou telle prononciation?

Ces premières impressions troublant l'esprit de l'enfant, lui font regarder l'orthographe de notre langue comme un chaos qu'il est impossible de débrouiller.

Et c'est en effet ce qui résulte de ces cacographies, où des fautes grossières, accumulées l'une sur l'autre, offrent une espèce de labyrinthe d'où l'on ne sort qu'après avoir parcouru un grand nombre de détours.

DEUXIÈMEMENT. Dans les autres, nous trouvons un double inconvénient : d'abord, l'orthographe d'usage altérée comme dans les premières ; puis, un amalgame de fautes, où sont réunies presque toutes les difficultés de l'orthographe, dès les premières pages.

TROISIÈMEMENT. D'autres ont encore présenté des exercices rangés selon l'ordre grammatical.

Cette méthode est certainement beaucoup plus utile, et promet de rapides progrès. Mais on aura dû remarquer plusieurs imperfections dans ces ouvrages : 1.° un grand nombre de mots y sont entièrem ent dénaturés, quant à la terminaison ; 2.° une partie des règles y ont été omises (ce qui rend l'étude incomplète) ; 3.° les auteurs se sont trop attachés à y insérer des récits, au détriment des règles. Il se trouve encore d'autres défauts qu'il serait trop long de développer ici.

Que faire pour obvier à tant d'inconvénients ?

Il me semble qu'il est à propos de suivre, pour la langue française, le même mode que pour le latin et le grec, c'est-à-dire, un plan raisonné des règles de la grammaire qui sont susceptibles de fournir des fautes de cacographie ou de cacologie.

Cette marche a paru difficile jusqu'aujourd'hui ; et cependant elle est la seule, à mon avis, qui puisse être sûre et profitable.

Tel est le but de l'auteur, en proposant au public un livre élémentaire intitulé : *Cours de thêmes calqués sur les règles de la grammaire française, etc.*

Cet ouvrage réunit plusieurs avantages que nous pourrions détailler au long ; mais nous n'en dirons que ce qui est nécessaire pour le faire connaître.

D'abord, il est rédigé d'après les règles données par les meilleurs grammairiens, et adoptées par l'Académie. Un autre avantage, c'est qu'on y a réuni presque toutes les règles, même celles qui présentent les moindres difficultés. Bien des exceptions y ont été converties en règles ; et l'auteur s'est donné la peine de chercher et de caser dans des thêmes suivis, les différentes sortes de noms, les différentes sortes d'adjectifs et de verbes, susceptibles de former une classe à part: ainsi, tout y est rangé par classes.

L'orthographe des mots n'y a nullement été altérée; elle a été partout observée, au contraire, avec le plus grand scrupule: car ce n'est que par l'habitude de retrouver un mot toujours écrit de la même manière, que l'élève s'en gravera l'orthographe dans la mémoire et ne l'oubliera jamais. Quant aux fautes de règles, elles sont d'autant plus faciles à corriger, que les règles ont été représentées en tête du premier thème de chaque règle, afin que l'élève n'eût point à feuilleter la grammaire.

On pourra dire, au premier coup-d'œil, que cette méthode est trop facile; mais pour peu que l'on considère quelle est la légèreté de l'enfant, dans l'âge tendre où il commence à apprendre les éléments de sa langue, on conviendra sans peine, surtout si l'on a enseigné, qu'on ne pourrait rendre trop facile la voie des études, où trop souvent se rebutent nos jeunes élèves, dès les premiers pas qu'ils y font. D'ailleurs, on a dû remarquer que ce livre est destiné aux commençants, et l'on sera toujours à même de supprimer ce que l'on jugera superflu. Je sais qu'il est un mode différent pour chaque classe d'individus, et que la quantité des thèmes doit être réglée par la force des élèves. Il était donc indispensable d'en faire un nombre suffisant pour les faibles capacités de quelques-uns.

Ces thêmes sont divisés en deux parties: la première contient les éléments ; la deuxième renferme les règles de la syntaxe, raisonnées au moyen de l'analyse grammaticale et logique, autant que peuvent le permettre les facultés de l'enfant qui entre dans la carrière des études. Les règles des participes en occupent une partie considérable.

La ponctuation y a été aussi insérée ; et c'est un point sur lequel on doit beaucoup insister dans les classes élémentaires : car, sans ce soin, les phrases les mieux tournées paraissent incorrectes, ou n'offrent aucun sens à l'esprit.

Des récapitulations ont été faites, de distance en distance, dans le cours de l'ouvrage ; c'est par là que l'élève prouvera qu'il a profité des leçons précédentes, et qu'il sait discerner entre l'une et l'autre règle qu'il a également étudiées.

L'expérience prouve qu'il est, non-seulement inutile, mais préjudiciable de livrer les jeunes gens à l'étude des langues anciennes avant celle de la langue maternelle. Cet ouvrage peut donc être considéré comme une introduction aux cours de thêmes latins , et les élèves qui s'en seront servis, ne feront que des progrès plus rapides dans l'étude des autres langues. L'usage seul fera voir l'avantage de cette nouvelle méthode.

L'auteur, versé dans cette partie depuis nombre d'années , n'offre point ici un livre formé de réflexions particulières, ou

d'après un système encore sans épreuve :
ce sont les fruits de ses veilles, et le résultat des soins qu'il a toujours aimé à pro-
diguer à ses élèves. Il sait que l'accueil du
public est le seul éloge que puisse attendre
celui qui travaille pour l'instruction de la
jeunesse, et il se croira assez dédommagé
de ses peines, si les maîtres autant que les
élèves peuvent en tirer quelque utilité.

INTRODUCTION.

L'ORTHOGRAPHE est l'art d'écrire correctement les mots d'une langue.

La langue française a besoin d'une étude toute particulière pour l'orthographe, eu égard à un grand nombre de lettres qui ne se prononcent point dans certains mots, et qui servent à les faire distinguer d'autres mots que l'usage veut que l'on prononce de même.

Des vingt-cinq lettres de l'alphabet français, l'*e* est celle qui subit le plus de variations. Aussi annonce-t-on d'abord trois sortes d'*e*, qui ont encore des modifications. Ensuite les lettres *h*, *c*, *s*, *t*, et *y*, sont celles qui renferment quelques difficultés.

L'accentuation, trop souvent négligée dans les classes élémentaires, est de la plus grande nécessité pour la lecture; et c'est le seul moyen de faire distinguer d'abord les différentes sortes d'*e*, puis les voyelles longues. Nous avons donc cru à propos de donner des thêmes sur cet article; et nous invitons les maîtres à ne les point négliger.

Manière de se servir de cette méthode.

Les thêmes étant d'une étendue convenable (car ce n'est point la quantité, mais la qualité que cherche le maître), on fera d'abord écrire un thême sur un cahier de devoir. Pour le corriger d'une manière profitable, un élève épellera chaque mot à haute voix, et indiquera les fautes qu'il aura trouvées ; le maître fera connaître celles qu'il aura pu oublier, et devra obliger chaque élève à corriger, pour rendre le même devoir sur un cahier net, à la classe suivante. Le corrigé sera épelé une seconde fois, afin d'habituer les enfants, dès l'âge le plus tendre, à une extrême exactitude.

Il est presqu'impossible, par cette méthode, qu'il échappe des fautes grossières à l'élève, même le plus lourd et le moins intelligent. Du reste, je la donne comme ayant fort bien réussi à plusieurs professeurs de langue française ; on en fera ce que l'on jugera bon.

On pourrait aussi faire lire la phrase corrigée à l'élève qui vient de l'épeler, et joindre par ce moyen une leçon de lecture à la leçon d'orthographe.

Les personnes qui voudront s'instruire elles-mêmes, pourront se procurer le corrigé.

COURS

DE THÊMES,

CALQUÉS SUR LES RÈGLES

DE

LA GRAMMAIRE FRANÇAISE.

PREMIÈRE PARTIE.

DE L'EMPLOI DES LETTRES MAJEURES ET DE L'ACCENTUATION.

PREMIÈRE RÈGLE.

Toute première lettre d'une phrase, d'un nom propre ou de qualification, doit être majeure.

THÊME PREMIER.

Dieu et le roi. la main de la reine. la puissance de dieu. l'ordre du roi. les exploits des bourbons. la gloire du duc. la charité de la duchesse. la force de samson. le sceptre du monarque. la majesté du souverain. la générosité du ministre. la sainteté du pontife. monsieur et madame. moïse et josué, chefs des hébreux. adam et ève, pères du genre humain. caïn et abel, enfans d'adam. jacob, père de joseph. mademoiselle clara. monsieur le comte de turenne. monseigneur le prince de condé. l'archiduc léopold. la vie d'alexandre. les victoires de césar. les soins généreux du prince. louis, roi de france. frédéric, roi de prusse. sa majesté l'empereur d'autriche. charles, roi de suède. racine 'poète français.

THÈME SECOND.

Monseigneur le dauphin. son altesse royale madame la dauphine. victor emmanuël, roi de sardaigne. lyon, ville commerçante. marseille, port de mer, sur la méditerranée. paris, capitale du royaume de france. venise, surnommée la riche. mantoue, patrie de virgile.. milan, grande ville, sur l'olona. cahors, sur le lot, patrie de clément marot. l'europe, l'asie, l'afrique et l'amérique. les singes, les écureuils, les léopards, les chameaux, les lions, les loups, les chiens, les brebis, les agneaux. le dromadaire, le tigre, l'éléphant, le rhinocéros, le daim, le cerf, la biche, le rossignol, le linot, la fauvette, le serin. l'aigle et le vautour, oiseaux de proie. la grue, oiseau de passage. le brésil, le pérou, le mexique, le labrador, la louisiane, la guinée, le canada.

THÈME TROISIÈME.

La ville de rouen. le port de cherbourg, la route de nancy. la cathédrale de strasbourg. les évêchés de metz et de verdun. les ducs de bourgogne et de normandie. messire jean chouart. la fontaine, fabuliste inimitable. jérusalem, capitale de la judée. rome, ville principale de l'italie. reims, ville de champagne. louviers et elbeuf, villes renommées par leurs draps. madame la duchesse d'angoulême. monseigneur le duc d'orléans. alexandre, empereur de toutes les russies. octave auguste, premier empereur des romains. le jour de noël. le jour de pâques. la france, l'espagne, l'italie, le portugal, la turquie, l'autriche, la prusse, la suède, le danemarck, la pologne, la hongrie, la laponie, la norvège, la bohême, la suisse. à sa majesté charles, roi de france et de navarre. à monsieur le baron d'york.

THÈME QUATRIÈME.

Les douze enfans de jacob. pharaon, roi d'égypte, joseph, ministre de pharaon. les planètes sont : Le soleil, la lune, mercure, vénus, mars, jupiter et saturne. charlemagne fut un prince belliqueux. louis, son fils, fut un roi trop faible. les plus belles fleurs sont : la rose, la tulipe, l'œillet, le jasmin, l'hyacinthe, le chèvre-feuille, la renoncule et la tubéreuse. les principaux arbres sont : Le chêne, le cèdre, l'orme, le sapin, le peuplier, le châtaignier, le pin, l'if, le poirier, le pommier et le prunier. le français, le grec, le latin, l'hébreu, le syriaque, l'arabe, l'anglais, l'espagnol, le portugais, l'allemand, sont les langues les plus connues et les plus étudiées en europe. messire françois de salignac de la motte fénélon, fut précepteur des enfans de france et archevêque de cambrai; Son principal ouvrage est télémaque.

DEUXIÈME RÈGLE.

L'e muet ne prend aucun accent.
L'e fermé prend l'accent aigu (´).
L'e ouvert prend l'accent grave (`).
Les voyelles longues reçoivent l'accent circonflexe qui est formé de la réunion des deux autres (^).

THÊME PREMIER.

Le peuplé de Dieu fut nourri de la manné. La luné reçoit sa lumiere du soleil. Le mondé est l'ouvrage dè Dieu. La terrè est un globe immense. Les quatré parties du monde. Que le ciel et la terre bénissent le souverain maîtré; Toutes les créatures sont faites pour lè louer. Tu invites tes amis à venir té voir. La surfacé de la terré offrè bien des choses curieusés. Les sauvages né connaissent pas le prix des pierreries qué souvent ils foulent aux pieds, et qu'ils nè daignent pas seulement ramasser. Ils ne cherchent qu'à satisfaire les besoins dé la vie, Lé reste leur semblè peu de chose. Qué les hommes sont vains dé rechercher les richesses avec uné si grandé avidité ! Le seul bien solidé et durable est la vertu; Celui-la est le seul que l'homme conservé toujours.

THÈME SECOND.

La verite sort de la bouche des enfans. La generosite denote un bon cœur. Pauvrete n'est pas vice. La temerite a perdu bien des gens. la bonte de Dieu est infinie; Sa misericorde n'a point de bornes; Mais la severite de ses jugemens est inpenetrable la maree arrive a des heures réglees. Le vice est haï et deteste; La vertu, au contraire, est aimee et estimee. Enee vint en Italie après la ruine de la fameuse ville de troie. Les contrees voisines ont ete desolees par la guerre. Le Piree etait le port d'athenes. L'Areopage etait l'assemblee des sages de la Grèce. Le Peloponese est aujourd'hui la Moree. Venus etait la deesse de la beaute. Thésee, fils d'Égee. Eole était la divinité qui présidait aux vents. Telemaque, fils du sage ulysse, fut jete sur toutes les côtes. Venus, irritee de ce qu'il avait meprise son culte, voulait le faire perir.

THÈME TROISIÈME.

Le succes de l'affaire est douteux. Arretez le progres du mal. il y a des acces de fievre tres-dangereux. Nous avons termine ce proces qui faillit ruiner notre famille entiere. J'aime tendrement mon pere et ma mere, mes freres et mes sœurs. le cimetiere du pere La Chaise, renferme des monumens d'une extrêmé richesse. L'exces d'un trop grand bien devient un mal tres-grand. Le maitre severe est aimé de ses eleves. La legerete est le vice ordinaire des enfans. un ami sincere est rare. L'oisivete mene à tous les vices. La priere est necessaire. Athenes fut celebre. on vient de nous annoncer le deces d'une personne tres-pieuse. La sphere celeste represente le ciel;

La sphere terrestre represente la terre. les athletes combattaient dans l'arene. Le funeste exces du vin a perdu bien des hommes. La chaumiere est souvent plus paisible que les palais dores. vous faites plus de progres que votre frere.

THÈME QUATRIÈME.

Le patre du hameau. La fete du village. La tete du loup. L'île de Candie. le maitre de la maison. La maitresse du logis. Les impots sont nécessaires. Les poles sont les extremites du globe. La mure est le fruit du murier. la nouvelle est sure. La grace est un don de Dieu. Cet enfant est acariatre. Il n'est point honnete. Un vaisseau anglais fut jete, par la derniere tempete, sur les cotes du nord. Saint-Lo est le chef lieu de préfecture du departement de la Manche. ce pauvre est dans le plus grand denument. Ce livre coute vingt sous. La chataigne est le fruit du cha- taignier. le chateau du seigneur est d'une grandeur extrême. il fut brulé l'an passé par un evenement imprevu. Le gite du lapin. Vous allez à l'affut. Le villageois passe sa vie gaiment. Ci-git un père infortuné. La piqure de l'aspic est mortelle. un matelot tomba du haut du mat dans les abimes de la mer. Un bucheron perdit son gagne-pain.

DE L'ARTICLE ET DE L'APOSTROPHE.

PREMIÈRE RÈGLE.

Le *est l'article du masculin.*
La *est l'article du féminin.*
Les *est l'article du pluriel.*
On dit du *pour* de le, au *pour* à le, des *pour* de les, aux *pour* à les.

THÈME PREMIER.

(L'élève mettra lui-même les articles.)

— père. — mère. — deux frères. — Roi. — Reine. — fils. — fille. — douze enfans. — chien.

— chat. — trois portes de la ville. — cheval. — huit chevaux de la voiture de le Roi. — maître. — maîtresse. — douze tables de la loi. — puissance divine. — dix commandemens de le Seigneur. — homme. — cent hommes de garde. — ministre de la justice. — maux de la vie. — rouille mange-fer. je parle à le Roi. — jeunes gens de la ville sont plus vifs que — jeunes gens de les campagnes. — enfans doivent obéir à les maîtres. — canaux creusés par — main de les hommes. tous — soldats de le camp. soyons fidèles à le Prince. — beaux jardins de le seigneur de le village. — légèreté de les écoliers. — patience de les maîtres. — soin de la mère. — bonté de le père. — lion de les forêts.

THÊME SECOND.

— oiseaux de les champs. — loup de les bois. — fauvette et — rossignol. — soldats vont à le combat. — hommes se font la guerre. — animaux vivent de la chair de les autres animaux. l'homme est — maître de les êtres vivans, et — chef-d'œuvre de la création. — Français sont bien reçus dans tous les pays de le monde. — pères et les mères sont souvent trop bons à l'égard de les enfans. — bons généraux sont chers à le Prince. — brebis et — genisse sont les plus doux de les animaux domestiques. — chien est fidèle à le maître qui le nourrit. — baleine est le plus gros de les poissons de la mer. l'or est le premier de les métaux. — jeunes gens doivent s'appliquer à les sciences. — sciences sont l'ornement de les jours de l'homme. — docilité et — diligence plaisent à les parens. — cordes de la lyre de le Dieu de les beaux arts.

THÊME TROISIÈME.

— frère et — sœur. — cousins germains de le père. — bonté de Dieu. — principe vital. — quatre élémens sont : l'air, — terre, l'eau et

— feu. — livres instruisent — enfans. — générosité est — vertu de les cœurs bien nés, et —
marque d'une grande âme. — parens donnent
des preuves de le plus vif amour à les enfans qui
répondent à les soins de les maîtres. — travaux
de la campagne. — génie de le poëte. l'adresse
de le sculpteur. — légèreté de les enfans. — bon
fils est cher à le père. — outils de le maçon. —
ville de Paris, capitale de le royaume de France.
— arbres de le paradis terrestre. l'état de le
premier homme. — Européens sont blancs. —
pouvoir de le juge. — balance de thémis, déesse
de la justice. — ouvrages d'Homère. homère est
le premier de les poètes. cicéron fut le plus élo-
quent de les orateurs romains.

THÈME QUATRIÈME.

— France est — pays le plus agréable de le
continent. — Normands étaient des peuples de le
nord. socrate fut le plus sage de les Grecs. —
soleil, — lune, — étoiles, sont l'ornement de le
ciel. — temples nombreux élevés à les fausses
divinités. — saint Roi martyr. — trône de les
Rois. — vie des hommes est plus courte que
celle de les corneilles. — corbeaux vivent très-
long-temps. — cheval est le plus utile de les animaux. — bœuf est endurci à le travail. — labou-
reur mérite l'estime de les grands. — berger de
le seigneur. — servante de la maîtresse de le logis. — deux yeux de le visage. — père de famille.
— mère de famille. — ennemis ont été vaincus
par — courage de les soldats de notre armée. —
peuples de le nord sont durs; Ils sont faits à les
fatigues. — guerre ne saurait les abattre; Ils sont
très-soumis et dévoués à les princes.

DEUXIÈME RÈGLE.

*L'apostrophe remplace les voyelles a ou e, lorsque
ces lettres sont suivies d'une autre voyelle ou
d'une h muette ; mais on les conserve devant
devant l'h aspirée.*

THÈME PREMIER.

Le homme sage se contente de peu. La histoire transmet à la postérité le récit des événe-
mens passés. Suivons le chemin de le honneur.
La audace est quelquefois téméraire. Le enfant
docile est la joie de son père. La ivresse dégrade
le homme. La oisiveté perd le enfant. Le orgueil
rend sourd à la voix de la nature. Le état des
hommes avant le déluge était moins affreux que
le état de ceux d'aujourd'hui. Le égoïsme est
poussé à son comble ; Le amour des richesses est
général. Le homme veut devenir riche à quelque
prix que ce soit ; La avarice ne connaît point de
bornes. Le ange du Seigneur apparut à Marie.
La armée est partie pour la Espagne où la inquisi-
tion subsiste toujours. Le ordre amène le succès
dans les affaires. La irréligion fait tous les jours
de nouveaux progrès. La impiété brave toute
honte. Le amour de Dieu est le principe de le
amour du bien. La application à la étude est
louable.

THÈME SECOND.

L'homme étant né pour le ciel, l'haute idée
de cette destination devrait faire des hommes
autant d'héros. L'hérisson est couvert de pi-
quans. l'héroïsme de la vertu. L'héron a un
long bec. l'histoire sainte est remplie de beau-
tés. L'haine du mal fait qu'on l'évite. L'héros
de la Grèce philosophe fut Socrate. Le honneur
de donner son sang pour la patrie était compté
pour beaucoup à sparte. on envoya l'héraut
pour annoncer l'heureuse nouvelle de la paix.

l'hommage le plus pur que l'on puisse rendre à l'haute majesté de dieu, c'est l'hommage de son cœur. L'Hongrois et l'Hollandais sont industrieux. les habitans de l'Hollande sont d'une propreté rare dans leurs maisons. Les cuirs de l'Hongrie sont très-forts. hercule fut l'héros le plus célèbre de l'antiquité.

DE LA FORMATION DU PLURIÈL.

PREMIÈRE CLASSE.

RÉGLE GÉNÉRALE. *Pour former le pluriel, ajoutez s à la fin du nom.*

THÊME PREMIER.

Les livre des écolier. Les arme du soldat. Les ouvrage des homme. Le génie des écrivain. Les chapon du Mans. La voix du ministre des autel. Les ville des empire et des royaume. Les vertu sont les plus belles richesse. Les vice dégradent les homme. Mes frère et mes sœur. Mes ami et mes parent. Les science et les art. Les vallon et les montagne. Dieu créa le monde en six jour. Les démon sont des ange rébelles. Les meilleurs bien sont ceux que les homme ne peuvent point ravir. Les élémen des langue. Les principe de musique. Les règle de trois ou proportion. Les réglement de l'Université. Les adjectif sont des mot qui donnent des qualité aux objets. Les sauvage ne se servent point d'habit; Ils vivent au milieu des forêt comme les bête; Les gland et les fruit des arbre sont leur nourriture. Les troupe nombreuses des armée. Les place fortes et les citadelle. Les édifice publics. Les mosquée sont les temples des Mahométan. Les momie étaient des corps que les Egyptien embaumaient.

THÊME SECOND.

Les voleur se sont sauvés par les fenêtre. Les peuple des Inde aiment les Européen. Dix navire

1*

espagnols ont abordé sur les côte de l'Amérique. trois bâtiment marchands et deux frégate sont partis ces jour derniers pour les grandes Inde, ou inde orientales. Vingt-cinq mille homme débarquèrent dans les port de Brest et de Toulon. brest a le meilleur et le plus beau de tous les port de la France. Les élève qui perdent leur temps sont des enfant ingrats envers leurs parent. Nous devons le respect aux vieillard. nous lisons dans l'histoire des Grec que les Lacédémonien avaient les plus grands égard pour les homme qui étaient d'un âge avancé. On leur rendait des honneur; et celui qui eût manqué à ces devoir, eût été puni sévèrement par les juge. Les roi ont de grandes charge à remplir. Les Ministre des Prince ont aussi des emploi difficiles.

THÈME TROISIÈME.

Les department du nord de la France sont plus peuplés que les département du midi. Les ville y sont beaucoup plus commerçantes, et les habitant plus industrieux. Aussi voit-on moins de pauvre; et si les particulier n'ont pas de grands bien, du moins ils trouvent dans leur travail les moyen d'élever leurs enfant d'une manière honnête et même aisée. Les grands talent engendrent souvent de grands défaut. Les premiers homme vivaient heureux et contens dans l'innocence et la simplicité; Leurs jour coulaient en paix, et le travail de leurs main suffisait à leurs besoin. Plus l'homme accrut ses lumière, plus ses besoin s'augmentèrent. Les peuple de l'Amérique sont encore sauvages dans certaines contrée; Les chef de ces peuple ne sont guère plus civilisés que leurs sujet eux-mêmes. Les Russe sont encore esclaves des Seigneur ou Baron; Ils travaillent cinq jour de la semaine pour eux.

THÈME QUATRIÈME.

J'ai vu prendre deux filou. Je ferai venir une douzaine de clou dorés. les lapins se retirent dans des trou pratiqués sous terre. le volume que vous voyez m'a coûté cent sou. Les dame portent des pierre précieuses sur leur cou. Les enfant aiment à recevoir des éloge. Les bons écolier ne reçoivent jamais de reproche. Les filou seront mis en prison pour deux ou trois an. cet ouvrier fait des clou à tête ronde; Il gagne cinquante sou par jour. les jeunes gens et les vieillard que vous avez vus, sont partis. les poissons peuplent les étang, les rivière, les fleuve et les mer. Les ennemi sont venus ravager nos terre. Les élément des langues sont toujours assez pénibles pour les élève qui les étudient. Toutes les règle de la grammaire ne suffisent point encore aux enfant; Ils ont besoin d'explication particulières. Les grammaire sont presque toutes incomplètes; C'est aux maitres d'y suppléer par des détail que l'on peut donner de vive voix.

DEUXIÈME CLASSE.

RÈGLE. *Les noms terminés par* s, z, x, *n'ajoutent rien au pluriel.*

THÊME PREMIER.

Les fils de clovis partagèrent le royaume de leur père. les ponts-levis sont d'une grande utilité. les rez-de-chaussée sont assez souvent malsains. le houx est hérissé de piquant. les houx sont très-communs dans ce bois, et il ne s'en trouve pas un seul dans les bois voisins de nos terre. les Picard ont des voix fortes et sonores. cet enfant a une fort belle voix, et articule bien les son. on a distribué plusieurs croix d'honneur aux braves soldat qui ont fait des prodige de valeur. la souris mangé le blé dans les grenier. Les chat mangent les souris. Vénus était la mère des grâce et des ris. Il y a des vernis de plusieurs sorte. Nous avons des louis de vingt franc et des louis de quarante-huit franc. les puits sont com-

muns dans ce pays; Il en existe peu dans les environ. Ce négociant a quatre commis pour ses
affaire. ces appartement sont pleins de beaux
tapis. Voyez comme les buis sont forts dans ces
allée. les vis de cette montre viennent d'une dés
meilleures fabrique.

THÈME SECOND.

Les brebis et les mouton sortent dans les campagne, et vont paître l'herbe des gazon. admirez
ces lieux dont je fais mes plus chères délice, et
ces tapis de verdure au milieu des bosquet fleu-
ris. Ces ouvrage coûtaient d'abord un prix immense, Mais ils se vendent maintenant à des prix
modérés. j'aime beaucoup les radis, et mes frère
aiment mieux les salsifis. Nous aimons tous les
pois verts, et ces messieur préfèrent les fève ou
les pois secs. la poix est une matière visqueuse
que l'on tire des arbre. Il y a plusieurs sorte de
poix. voici un poids de cinquante livre; ceux-ci
sont des poids de vingt livre. Le printemps com-
prend les mois de mars, avril et mai, qui sont
les plus beaux mois des quatre saison de l'année.
l'homme a deux bras et deux main; Ces deux
membre lui donnent tous les secours qu'il peut
désirer. Ce marchand vend plusieurs espèce de
velours.

THÈME TROISIÈME.

Les maître donnent à leurs élève tous les avis
que la sagesse leur suggère. ce peintre sait donner des colŏris superbes à ses figure. Les abbés
et les chantre mettent des surplis. Les Dervis
sont des prêtres ou moine, chez les Turc. Les souris et les rat sont des animaux rongeurs. Combien
vos parent ont-ils de commis? ce fonds de boutique a été vendu à des personne qui ne sont pas
du pays. ces mêmes personne ont plusieurs fonds
dans d'autres pays. Cette machine se meut avec
des vis et des roue. les médeçin tâtent le pouls

aux malade. nous avons plusieurs pouls. Les ancien faisaient périr sur des croix les criminel convaincus de meurtre. l'hiver. dure six mois de l'année dans certains pays. le temps fuit comme une ombre : profitons donc de tous les instant et de tous les avis. Cet usage eut lieu dans plusieurs temps. voici de beaux bas de soie.

TROISIÈME CLASSE.

RÈGLE. *Les noms terminés en* au, eu, *et huit sept noms en* ou, *prennent* x *au lieu d's au pluriel. (La lettre* x *est formée de* c s *). *

THÊME PREMIER.
Noms en au.

Les bateau à vapeur vont avec une extrême rapidité. Les hameau et les village sont très gais l'été. Les vallée et les côteau de ce pays sont très fertiles. voici des chapeau élégamment faits. Voyez comme ces ruisseau limpides roulent leurs eau sur un lit de gravier. Les roseau servent à faire des ouvrage de peu de prix. la flûte autrefois était composée de plusieurs tuyau. Les berger font des instrument de musique avec des chalumeau. Ces pipeau rustiques que nous voyons entre les main des villageois, ont autant de prix à leurs yeux que les plus beaux instrument. le soleil dore les côteau au lever de l'aurore. Les superbes château de la France font l'admiration des étranger. ce pâtissier fait d'excellens gâteau. Ces bois sont pleins de bouleau et d'orme. il y a de fort beaux chapiteau dans cette église. les lapereau sont communs ici. Les Reine-Claude font de très-bons pruneau. Les vache et les veau de ce pays sont estimés.

THÊME SECOND.
Noms en eu.

J'ai vu de beaux feu d'artifice. Ces lieu sont

d'une beauté rare. cette personne a des cheveu noirs. Les jeu plaisent souvent plus que les livre aux écolier paresseux. la religion païenne admettait plusieurs Dieu. les cheveu sont l'ornement de la tête, comme les feuille sont l'ornement des arbre. Sans compter leurs Dieu, les anciens avaient encore des héros ou Demi-Dieu. le soleil échauffe la terre de ses feu. nous avons ici plusieurs jeu qui sont très amusans. Les caïeu sont des oignon. On se sert de pieu pour maintenir les haie. ces pieu sont très pointus. Les épieu sont des arme assez en usage parmi les paysan. Les vœu que je forme pour le roi sont ceux de tous les bons français. faites des vœu au ciel pour la santé de votre père; Ses neveu en font aussi, et j'espère que ces vœu réunis toucheront le souverain maître des destinée des homme. Mon frère m'a fait ses adieu en partant; Il quitte les lieu qui l'ont vu naître, non sans regret.

THÊME TROISIÈME.

Sur les huit noms en ou.

Les terre de ce pays sont remplies de caillou. Les chou sont d'une grande utilité. Il y a plusieurs sorte de chou. Les chou d'hiver et les légume de cette saison sont meilleurs que les chou et les légume d'été. l'homme a deux genou. Les genou sont flexibles comme des ressort. demandez grâce aux genou du prince. Les hibou sont des oiseau nocturnes. Vous avez sans doute déjà vu des hibou, car les hibou ne sont pas rares? le cri du hibou est effrayant. Les hibou ne se font entendre que dans les ténèbrs. les bord de la mer sont pleins de caillou et de diaman. Cette porte a des verrou solides, et l'on voit peu de verrou de cette sorte. Ces verrou sont d'une grosseur prodigieuse, et je n'ai pas encore trouvé de verrou si gros. Achetez des joujou au petits enfant; Les joujou sont tout ce qu'ils demandent.

Quels joujou veux-tu, mon bon ami? Sont-ce
ces joujou-là, ou bien ces joujou-ci? De quelle
fabrique sortent ces joujou? Ce sont des joujou
faits à Paris. Chaque espèce d'animal a ses pou
particuliers. Cette femme a des bijou superbes.

THÊME QUATRIÈME.

Noms en au *,* eu *,* ou.

Il y a de jolis bateau sur le canal de l'ourcq.
Ces bateau servent aux promenade des parisien.
Le bassin a environ sept ou huit pied dans la
profondeur des eau. Cet arbre porte des ra-
meau couverts de feuille et de fruit; Les Dieu
en ont leur part. C'est dans ces lieu que fut autrefois la superbe ville des Athénien. quels feu
brillent dans l'air! quels son effrayants viennent
troubler les mortel! Les jeu des villageois ont
cessé. Les cheveu leur dressent d'horreur. Mes neveu sont venus me voir. Les ruisseau entraînent des
caillou dans leurs cours. cette prison est fermée
par d'énormes verrou. les hibou seuls habitent
cette tour isolée. Dans les grands péril, l'homme
tombe à genou pour supplier le père des créature
animées, l'auteur de tous les être. Donnez-nous
des joujou, vous crient ces petits enfant? L'or ne
vaut pas des joujou pour leur âge. Les pou sont
des insecte qui s'attachent aux cheveu des gens
mal-propres. Les bijou les plus précieux ne
valent pas la moindre des vertu.

QUATRIÈME CLASSE.

RÈGLE. *La plupart des noms terminés au singulier par* al *,* ail *, font leur pluriel en* aux.
Ail *conserve* l : *on dit au pluriel* aulx. Aïeul,
ciel, œil, *font* aïeux, cieux, yeux.

THÊME PREMIER.

Le plus grand des mals nous accable; Les mals
les plus affreux nous menacent encore. Ce cheval
vaut cent écu; Ces chevals valent chacun vingt-

cinq louis. Nos généraux montrèrent un courage héroïque; Ces caporals se sont aussi distingués. Ce négociant a plusieurs capitals placés en terres. Quels sont les différents totals que vous trouvez? Nous avons eu des amirals célèbres. On compte aujourd'hui cinq métals : l'or, l'argent, le cuivre, le fer et le platine. Autrefois on ne comptait que quatre métals. On met des fanals sur les vaisseau pendant la nuit. Nous avons des arsenals rès-riches. Combien de canals n'a t-on pas construits en france? Ces deux hommes sont rivals en tout. Donnez quelques signals, pour vous faire connaître. les principals de collége ont besoin d'une grande fermeté. Les cardinals forment le conseil du pape. Les vassals étaient des seigneurs dépendant de la couronne. Combien y a-t-il d'hôpitals à paris? Les libérals sont opposés aux royaliste. je ne puis sentir le goût des ails.

THÈME SECOND.

Que de mals se sont répandus sur la terre! L'homme est sujet à des mals innombrables dans la vie. Les chevals sont les serviteur les plus zélés de l'homme. On estime beaucoup les chevals arabes. Combien avons-nous vu de généraux sortis du néant? Avant d'être officier, messieurs; vous serez caporals. Quels capitals faut-il placer pour avoir deux rente de mille franc? Tous ces totals sont les mêmes. Quels totals trouvez-vous? Les amirals français se sont toujours distingués par leur bravoure au milieu des combats. Nous avons plusieurs originals de ce livre; et ces originals sont semblables de point en point. Vous connaissez tous les métals. L'or est le premier des métals. Portez des fanals pour vous éclairer, car le temps est obscur. Les arsenals sont des magasins d'arme. Les arsenals de l'Angleterre sont magnifiques. Les canals sont souvent d'une grande utilité pour le commerce. J'ai vu plusieurs canals.

Ces deux écolier ont toujours été rivals dans leurs
classes. Ces seigneur étaient vassals du roi. Que
de signals avez-vous donnés en vain, pour faire
manœuvrer les troupe! Les travails de la campagne
sont très-pénibles. Que de travails il a supportés!
Il y a des corails de plusieurs couleurs. Ces
émails sont superbes. On a déjà fait plusieurs
bails à cet homme; Il veut nos derniers bails.
Plantez-vous des ails dans votre jardin?

THÈME TROISIÈME.

On donna divers signals aux soldats. Quels
signals voulez-vous? Les principals des établissement universaires sont chargés d'une grande
responsabilité. J'ai été lié avec deux principals
de collège. Il y a plusieurs cardinals en France.
Il y a beaucoup de cardinals italiens. Les ministre
Richelieu et Mazarin étaient cardinals. J'ai visité
les hôpitals de la ville. Il est impossible de voir
de plus beaux hôpitals. Toutes les grandes villes
ont des hôpitals. Ces hôpitals sont l'asile des malheureux, Lorsqu'ils sont affligés de quelque maladie. On établit chaque jour de nouveaux hôpitals pour le soulagement des pauvre. Les libérals
ont proposé cette loi à la chambre des député.
Il y a parmi les libérals des tête exaltées. Nos
aïeuls étaient plus pieux que nous. Considérez la
voûte azurée des ciels. Les ciels sont la demeure
des bienheureux. On comptait autrefois plusieurs
ciels. Les Indiens comptaient aussi trois ciels.
Vénérons nos bons aïeuls qui nous ont donné
l'exemple de toutes les vertu. Bélisaire eut les
œils crévés. Les habitant de la ville de Strasbourg crévèrent les œils à celui qui fit la superbe
horloge que tous les voyageurs admirent, afin
qu'il ne pût pas en faire d'autres ailleurs. Samson
eut aussi les œils crévés.

RÈGLE PARTICULIÈRE.

Les noms en eur, ir, our, té *et* tié, *ne prennent point généralement d'e muet à la fin du mot.*

THÈME PREMIER.

Le malheure abat quelquefois les homme les plus courageux. La valeure est une grandeure d'âme. La peure est une lâchetée. La douleure n'a pas vaincu les saints martyr de la religion. Les honneures enflent la vanitée. O ciels ! quelle grandeure et quelle majestée dans les œuvres du créateure ! Le plaisire passe comme une ombre. L'amoure envers ses parens est une loi naturelle. Les animals eux-mêmes aiment ceux qui leur ont donné le joure. La toure de Babel ne put être achevée. La bontée de Dieu envers nous est si grande, qu'il nous donne chaque joure de nouvelles preuve de son amoure. hélas ! rendons-lui donc amoure pour amoure. Les bâteaux à vapeure sont d'une nouvelle invention. La générositée dénote une grande âme. L'homme qui a le cœure sensible ne peut voir sans pitié le malheure de son semblable. L'adversitée éprouve le courage. Priez Dieu pour la prospéritée de la France. La postéritée de Jacob fut innombrable. L'amitiée est une liaison qui enchaîne deux cœurès. Le souvenire même d'une bonne action fait plaisire. Le retoure de ce pécheure est sincère ; Il a le repentir dans le cœure.

THÈME SECOND.

Nous devons avoir horreure de tout ce qui est mal. L'ardeure du soldat fait son éloge. L'humanitée est un désire de rendre service à ses frères. Le séjoure en ces lieux est nuisible aux bonnes mœures. La valeure de ce capitaine est reconnue. Le son du tamboure anime les soldats. vous poussez de profonds soupires. Quelle est la cause

de vos douleures? Les visires sont les officier du
Grand-Turc. Avez-vous beaucoup de loisires ?
Mes loisires ne sont pas aussi longs que je voudrais. As-tu souvenire, mon ami, du temps de
ton erreure? Le pêcheure enfoncé dans l'abîme,
regarde comme impossible son retoure au Seigneur. Le vautoure est un animal carnassier. Le
contoure de cette salle est assez vaste. Ne cherchez point de détoures pour nous dire la véritée.
La véritée est facile à dire. Les législateures sont
ceux qui font des loi. Solon et Lycurgue sont les
législateures de la Grèce. Combien ces grands
homme n'ont-ils pas d'admirateures ! la providence distribue ses faveures à chacun de nous
avec une bontée ineffable. La pudeure est le
plus bel ornement des femme. La coure des
Princes est un écueil contre la pudeure. Cette
ville est flanquée de bonnes toures. Cet ouvrage a
été fait au toure.

THÈME TROISIÈME.

La chaleure fut très-grande cet étée. Les au-
toritées de cette ville ont accordé des faveures à
ce citoyen; Il a reçu les plus grands honneures.
L'amitiée est une douce chaîne. Combien est rare
la sincéritée entre les amis ! Nous devons toujours
dire la véritée, même aux dépens de nos joures.
L'amoure de la patrie était placé en premier lieu,
chez les peuple anciens. Votre sœur est arrivée
ce matin. Le désire d'avancer dans les science
fait des progrès tous les joures. Ne cherchez jamais de détoures pour répondre, lorsqu'on vous
demande la véritée. La loyautée était la vertu du
bon Henri, que la postéritée révèrera long-temps.
Le plaisire d'apprendre n'a point de bornes. l'a-
varice est un désire insatiable du bien des autres.
Les juges auront pitiée de ce malheureux qui
languit dans l'horreure des cachots. La vanitée
de cette femme fera son malheure. La légèretée
est le vice ordinaire des écolier. La lachetée est

une bassesse d'âme moins excusable que la té-
mérite. Cet enfant a un très-bon cœur. Le chœure
de la cathédrale de beauvais est un des plus
beaux morceaus d'architecture gothique. Le vrai
bonheure consiste à se croire heureux. Cette cité
est bien plaisante. La fidélitée est rare aujour-
d'hui. Le joure de Pâques est la plus grande solennitée de l'année.

THÊME QUATRIÈME.

Quelle bontée Dieu n'a t-il pas chaque joure
pour nous ? L'amoure de Dieu est notre premier
devoire. La félicitée des saints dans les ciels est
bien désirable. Avec quelle ardeure ne devons-
nous pas désirer cette félicitée ! Le créateure des
hommes a tout fait pour eux ; Tous les biens,
tous les animals ont été créés pour leur utilitée.
Rendons nos hommages au créateure, chaque jour
de notre vie. Que le repentire de nos fautes passées, et le désire ardent de les réparer, les
efface à ses œils. Le souvenire d'une mauvaise
action est un sujet de déplaisire. L'honneure que
l'on rend aux saints se rapporte à dieu. Les qualitées de l'âme sont bien préférables aux qualitées
du corps. Cet homme a la douleure dans le
cœure. La timiditée est naturelle aux enfant. Les
lauboureures se plaignent de la trop grande chaleure. Quand l'hiver de retoure exercera ses ri-
gueurs, nous invoquerons l'étée avec ardeure.
Les atoures des dame sont aussi vains que leurs
pensées. Que de loisires mal employés ! Que de
joures perdus ! Que d'annécs passées dans l'oisivetée ! La stérilitée est grande partout cette année ; Les grandes chaleures en sont cause. Le
dictateure était un magistrat absolu. Les toures
de Notre-Dame sont très-anciennes. Quel plaisire
j'éprouve à vous voir !

THÊME CINQUIÈME.

La sociétée a part aux travails des grands

hommes. Les toures de force de ce danseure de corde sont surprenants. Les troubadoures étaient des berger qui chantaient leurs amoures au son de leurs chalumeau. Les visires du Grands-Seigneure ont beaucoup d'autoritée. Les Turc n'ont eu aucune pitiée des malheureux Grec. Les ambassadeures de France sont respectés dans tous les lieu. Cet homme se plaît à faire des calembourg. Le contoure de l'éléphant est vaste. Les détoures de ces labyrinthe sont sans nombre. vous cherchez des détoures inutiles. Le pourtoure de cette salle est assez régulier. Le malheure éprouve l'homme vertueux. Le séjoure les âmes bienheureuses était les champs-élisées. molière était auteure et acteure. La majestée du prince est un réjaillissement de la majestée de dieu. Les possesseures de ce champ sont de retoure au village. Les cuires sont bon marché cet étée. La violence de la douleure arrache souvent des larme, même aux plus courageux. J'ai beaucoup de loisires à la campagne. Il n'est guère de loisires à la ville. Des souvenires cruels arrachent des soupires. Un vautoure déchirait les entrailles de prométhée.

RÉCAPITULATION ou phrases au singulier à mettre au pluriel.

Le soldat de l'armée du prince. Le vaisseau de l'amiral Le fanal du vaisseau. La vie de l'empereure. Le travail de l'enfant. La terreure du soldat. La perruque du vieillard. Le père de la fille. Le cheveu et la barbe. La ville et le hameau. Le caporal et le sergent du poste. Le maréchal et le duc. Le général et le colonel. La bontée de la reine. Le bienfait de la sœure. Le somnambule et l'épileptique. La voix de l'enfant. Le puits du jardin. La grandeure et la richesse. Le dessein de l'amiral. Le bois de la forêt. La qualitée de l'ami. Le seigneur du village. La maxime du philosophe. Le plaisir de la mère. Le désire de l'honneure. La barque et l'esquif. L'acteure du théâtre. La loi de l'empire. Le statut du royaume. Le fils du prince. Le poisson de la rivière. La douleure du mal. La sociétée du frère. La toure de la ville. Le vautoure et l'aigle. Le lynx et la taupe. Le rat et la souris.

THÈME SECOND.

Le rubis du vin. Le souvenir d'une faute. Le bateau et le navire. Le rival de l'honneure. Le vassal du roi. Le dervis et le druide. L'émail du vase. Le corail du collier. Le bail de la maison. Le bail de la ferme. L'ail du potager. Le travail de l'artisan. Le signal du commandant. Le malheure du pauvre. La victoire de l'armée. Le peuple d'un état. Le sujet d'un monarque. La vicissitude de la chose. Le lieu de la bataille. La couleure du lambris. La voiture et l'essieu. La voûte du ciel. La vertu de l'aïeul. L'œil du maître. Le canal de la contrée. La facilitée de l'écolier. L'étendard de la légion. Le drapeau du roi. Le loup de la montagne. Le surplis du chantre. Un magistrat et un militaire. L'école de la ville. L'austéritée du saint. La sueure du laboureure. Le père du fils. La famille du prince. Le talent de l'orateure. Le mérite du sage. La religion du peuple. La rose du printemps. La route du bois. La négociation du général. La trahison du capitaine. La fourberie du voleure. La négligence du paresseux.

THÈME TROISIÈME.

L'homme de la ville. L'homme de la campagne. La leçon de l'élève du maître. La cloche de l'église du village. Le livre de l'amateure de la science. Le gouvernement de la république. Le préfet du département. Le monstre de la mer. L'original de la copie. Le mal de la guerre. Le taureau du hameau. Le contoure de l'éléphant. Le pourtoure de la salle. La valise du cavalier. La noix de l'arbre. La nef de l'amiral. Le métal de l'Inde. L'antagoniste de l'auteure. L'habitant de la citée. La surprise du méchant. Le parvis de la cathédrale. L'arsenal de la place. L'avantage de l'étude. Le troupeau du berger. Le cultivateure de la montagne. La force du bûcheron. La peine de l'ouvrier. Le poteau de la forêt. L'enseigne de la légion. Le général du régiment. Le cheval du courrier. L'erreuredu païen. La faveure du peuple. Le désire de l'ambitieux. La passion de la grandeure. L'ami de l'enfant. Le favori du seigneure. La véritée de l'écriture-sainte. Le roi de la contrée. Le sénateur de la république. Le colombier du laboureure.

THÈME QUATRIÈME.

Le chasseure et le chien. Le sanglier et la panthère. Le rossignol et la fauvette. L'écureuil et le chevreuil. Le léopard et l'hyène. L'éclair et le tonnerre. L'habitant du désert. Le palais du souverain. Le sceptre du monarque. Le signal du combat. La récompense du vainqueure. La perte du vaincu. Le fruit du jardin. L'ail et le caïeu. L'arbre du verger. Le remède au mal. Le citoyen de l'état. La cloche du collége. La volaille de la coure. La porte de la ville. Le carrosse du prince. La rigueure de la saison. Le poisson du fleuve. La froideure de l'eau. Le bail du locataire. La vis de la roue. Le favori de l'empereure. La solitude de la campagne. Le fils du courtisan. Le cœure de l'homme. La couleure du papier. Le partisan du seigneure. Le particulier de la citée. La volontée du destin. Le Dieu du païen. Le miracle de l'apôtre. La voix du prédicateure. L'oracle de la déesse. Le procureure du couvent. Le frère de l'abbaye. L'abbé du monastère.

THÈME CINQUIÈME.

Le rival du prince. Le vassal de la couronne. La fatuité du puissant. Le général du soldat. Le combat de la campagne. La campagne du brave.

La véritée du mystère. La calamitée du pays.
L'amiral du vaisseau. Le caporal du poste. Le
médecin du régiment. La toure de l'église. La
poussière du champ. Le vautour et le castor. La
force de l'animal. Le corail de la pierre. L'émail
du métal. Le travail de l'étudiant. L'auditeure du
sermon. La finesse du calembourg. La source du
plaisire. Le souveniro du mal. Le cheval de la
voiture. La voiture du riche. La misère du pauvre. La souffrance de l'indigent. La douleur de
la blessure. La cruautée du tyran. L'atoure de la
dame. Le troubadoure du village. La profondeure
de l'abîme. L'étoile du ciel. L'espérance du pécheure. L'auteure du roman. Le protecteure de
l'enfant. L'amateure du jeu. La frivolitée du siècle. Le siècle du philosophe. L'orateure du tribunal. Le joure du mois. La passion de la richesse. Le désire de l'avare. L'austéritée du solitaire
La bontée du père et de la mère.

THÈME SIXIÈME.

L'arsenal du fort. Le fort de la ville. Le défen-
seure de la place. Le maître du jardin. L'horreure du supplice. La sueure du soldat. La facultée
de l'âme. Le camp de l'ennemi. L'ennemi du
souverain. Le palais du dictateure. Le supplice
du coupable. L'accusateure de l'assassinat. Le
voleure de la forêt. Le cheval du laboureure. Le
conquérant du royaume. Le pourtoure du bâtiment. Le local de la maison. La déclaration de
l'accusateure. Le fanal du corridor. Le canal du
département. Le mal de la peste. Le loisire du
précepteure. Le précepteure du prince. La coure
du roi. Le martyr de la persécution. Le pasteure
du troupeau. Le troupeau du hameau. Le seigneure du château. L'œillet du jardin. La fureure
du méchant. La colère du furieux. L'écolier de
la classe. Le professeure du collége. L'ombre de
l'enfer. Le bassin du canal. Le recteure de l'Académie. Le tribunal du juge. L'original du livre.

Le loca de l'édifice. Le lieu du supplice. L'honneure du ministre. La faveure du roi.

RÉCAPITULATION particulière sur les noms en al, ail, au, eu, ou.

Rᴇᴍᴀʀǫᴜᴇ. *Les noms en* eau *, au singulier, conservent l'e au pluriel; mais les mots en* al *ou en* ail *ne le prennent jamais.*

THÈME PREMIER.

Les minérals et les végétals. Les étaus et les forge. Les chapeaus et les casquette. Les bergers et les troupeaus. Les douleures et les meaux. Les fleuves et les caneaux. Les généreaux et les marécheaux. Les ruisseaus des hameaus. Les faneaux et les lampe. Les tonneaus et les cuve. Les amireaux des vaisseaus. Les soupireaus des cave. Les fourneaus des verrerie. Les arseneaux et les magasin. Les traveaux des hommes. Les cheveaux des laboureure. Les colonne et les chapiteaus. Les coreaux et les émeaux. Les bals et les beaux. Les ognon et les caïeus. Les eaulx et les poireaus. Les sables et les eaus. Les caporeaux et les sergent. Les chape, les tuniques et les corporeaux. Les suisse et les bedeaus. Les principeaux et les sous-principeaux. Les carreaus et les vitre. Les moineaus et les quadrupède. Les animeaux et les plante. Les végéteaux et les minéreaux. Les locals et les jardin. Les coures et les hameaus. Les cheveus, les yeus et les sourcil. Les bijous, les joujous, les hibous, les genous, les filoux, les caillous, les chous, les coux, les troux, les cloux, les pous. Les serruriers et les marécheaux. Les fournaus et les marteaux. Les bedeaus et les sonneures. Les aïeus, les cieus, les yeus, les dieus, les lieus.

THÈME SECOND.

— Les mals de la vie sont innombrables. Les troupeaus font la richesse du cultivateure. Les caneaux facilitent le commerce. Les vaisseaus et

ct les bateaus transportent nos marchandise sur
eaus. Vous avez vu nos magnifiques arseneaux.
La musette est composée de pipeaus. Les juges
président dans les tribuneaux. Les oiseaus d'Amérique sont d'une rare beautée. Ce marchand
a des cristeaux de grand prix. Cette église renferme des chapiteaus très-riches. Le débordement des eaus a enlevé des femme, des enfant,
des troupeaus. Les amireaux français remportè-
rent l'avantage sur les amireaux ennemis. Il y a
des cristeaux de plusieurs sortes. Ces deux ri-
veaux se sont battus pour vider une querelle.
Cette femme a des bijoux et des diaman. Buffon
a écrit sur les minéreaux et sur les végéteaux.
Vous vendez des émeaux et des coreaux. On visite
les catacombe avec des faneaux. Les chous de
ce jardin sont excellens. Les filoux ont percé nos
volet. Les hibous font ici leurs nids. Ces ruisseaus
entraînent des caillous dans leurs eaus. Nos aïeus
étaient plus vertueux que nous. Les cieus sont
notre véritable patrie. Les animeaus ont tous
deux yeus. Nous rions des dieus de paganisme.

DE LA FORMATION DU FÉMININ.

PREMIÈRE CLASSE.

RÈGLE GÉNÉRALE. *Pour former le féminin,
on ajoute un e muet à la fin de l'adjectif.*

THÈME PREMIER.

La parole de Dieu est saint; Sa demeure est
sacré; Sa loi est grand; Sa main est puissant; Sa
providence est souverain. La terre est presque
rond; Elle est plein de beautées. La bontée de mon
père est touchant. Cette personne est élégant.
Cette femme est prudent. Cette raison est suffisant.
Cette action est éclatant. Nos soldats ont montré
une bravoure étonnant. Une résolution constant.
Une conduite prudent. Une personne poli. Une
chose vrai. Une cause déterminant. Une guerre san-

glant. Une peinture déchirant. Une femme ba-
vard. Une région fertilisé. La renommée est
prompt. La lettre écrit. La nation civilisé. La
jeune demoiselle est bien patient. Ma mère est
content. Ma tante est plaisant. Cette poésie est
galant. Voici une pièce savant. Une oraison élo-
quent et virulent. Une expression véhément. Une
loi abrogé. Une sentence porté. Une ordonnance
proclamé. Une bonne action loué. Une leçon important. L'étude est amusant. La vie est mêlé de
biens et de maus. La voûte des cieus parsemé
d'étoiles. Cette démarche est fort innocent, et
l'on pourrait cependant la trouver imprudent.

THÈME SECOND.

Une lecture séduisant. Une maison petit. Une
cour grand. Une habitation étroit. Une construc-
tion surprenant. Une cloche sonnant. Une personne malfaisant. Une chose exact. Une voix menaçant. Une tour haut. Une église embelli. Une
glace brillant. Une chose mauvais. Une règle
observé. Une sortie caché. La cité saint. La
noblesse distingué. La grammaire écrit. La leçon
appris. La prière fait. Une nourriture succulent,
abondant et varié. Une vie réglé. Une orange excellent. Une montagne élevé. Une digue fort. Une
eau clair. Une source pur. Une mer étendu. Une
contrée fécond en héros. Une ville bien bâti,
bien peuplé. Une chambre bien peint, bien meu-
blé. La montagne cultivé. L'accusation fait. La
défense entendu. La vie champêtre envié. La cérémonie éclatant. La mission important. La troupe
innocent. La conduite méchant et déshonorant.
La religion saint. Une raison évident Une personne clairvoyant. Une eau excellent. Une fleur
brillante. Une rose épanoui. Une tulipe fané. Une
hyacinthe éclos. Une légion honoré. Une famille
déshonoré. La charrue mordant. La manière dur.
La poursuite violent. La loi précis. L'onde tran-
parent.

DEUXIÈME CLASSE.

RÈGLE. *Un grand nombre d'adjectifs doublent au féminin leur dernière consonne avec l'e muet.*

THÈME PREMIER.

La bone conduite de l'écolier diligent. La coutume barbare et cruel. Ces deux choses sont pareils (1). La tête fol. La pâte mol. Les traditions anciènes. La gloire éternel. La couronne immortel. La loi nul. Les ténèbres épais. Cet salle est bas. Cet vache est très-gras. Une fête solennel. Une expression pluriel. Une couleur vermeil. Une récolte pareil. Une belle cour. Une ville nouvel. Une vieil maison. Une vieil tour. La vieil Castille. Une fille jumel. Cette lettre est muet. Cette personne et douillet. Une famille chrétiène. Une population chrétiène. L'antiquité païène. La tribu plébéiène. Une famille patriciène. Une manière gentil. Une plaisanterie bouffone. Ces fruits ont la chair mol. Cet femme a la tête fol. La langue bretone. Une adresse fripone. Cet taille est mignone. Ces femmes sont poltrones. Cet pomme est gros. Cette poire est gros. Une personne huguenote. Une imitation sote. Ma tante est toute vieillote. L'affaire fut regardée nul.

THÈME SECOND.

Notre mère est si bone qu'elle a pour nous des bontés continuel. Cet affaire est tellement anciène, que les personnes les plus vieil n'en ont pas vu le commencement. Une peau vermeil et une bouche vermeil. Des lèvres vermeil, de bels dents. La récolte nouvel sera bel. La vigne est bas lorsqu'elle est nouvel. Une voyelle muète.

---

(1) Le pluriel dans les adjectifs se forme comme dans les noms.

Une h muète. La bière est très-bone quand elle est nouvel. La religion païène est très-anciène. La religion chrétiène est moins anciène. La plus bel vertu est la charitée. Cette sauce est épais. La sentence de mort est cruel. La gloire des saints est immortel. Tâchons de mériter la vie éternel. Le jour de Pâques était une fête solennel chez les Juifs, et c'est encore une grande solennitée chez nous. Que les conditions du traité soient nuls. Combien cet jeune demoiselle est sote et peu gentil. Cette vieil dame est huguenote. Ces couleures sont vermeils. Cet robe est pareil à la vôtre. Cet chambre est pareil à la mienne.

TROISIÈME CLASSE.

RÈGLE. *Les adjectifs terminés en* er *font leur féminin en* ère, *c'est-à-dire, en prenant avec l'e muet un accent grave sur l'e qui précède la lettre* r.

THÈME PREMIER.

Les poissons craignent la ligne meurtriere. Cette chose est singuliere. L'aventure est particuliere. Cette femme est extrêmement fiere. Nous voyons beaucoup de personnes altieres. Voici le fermier et la fermiere du lieu. Nous avons des ouvrier et des ouvrieres. Le coutelier et la couteliere. Le boucher et la bouchere. Le boulanger et la boulangere. La reine Arthemis combattait la premiere au milieu des généraux grec. Ces personnes sont coutumieres. J'ai parcouru les nations étrangeres. Cette place est la derniere de toutes. Il y avait, avant la révolution derniere, un grand nombre de communautés régulieres. Les affaire des communautés régulieres n'avaient aucun rapport avec les affaires séculieres. Un homme roturier, une femme roturiere. Cette servante est très-ménagere. Il y a dans cette maison un cuisinier et une cuisiniere. Les berger et les bergeres se sont réunis dans ces lieus. Cette coutume ne fut que passagere. Le monde entier, la terre entiere. Les chapelier et les chapelieres. Les meûniers et les meûnieres. Cet homme est sorcier, et sa femme se dit aussi sorciere. Un aventurier et une aventuriere ont logé ici la nuit derniere. La premiere place doit être réservée à la personne la plus anciène.

THÊME SECOND.

Il y a à paris beaucoup d'écaillers et d'écailleres. Les écolier et les écolieres ont une tête légere. Cet hôtelier et cette hôteliere sont très-complaisants. Les troupes étrangeres sont venues en france ces années dernieres. La flêche est meurtriere. Le limonadier et la limonadiere du voisinage sont fort honnêtes. Le fruitier et la fruitiere sont bien fournis dans ces moment. On vient de nous apprendre une nouvelle singuliere. Ne faites pas d'une affaire particuliere une affaire de premiere importance. L'armée s'avance avec une contenance fiere. Vous annoncez une ame altiere. L'action fut très-meurtriere. La premiere détonation de l'artillerie fut effroyable. La déroute fut entiere, et l'ennemi ajouta cette défaite à ses défaite dernieres. Cette famille est roturiere. Vous connaissez sans doute le meûnier et la meûniere du village. Cette mode était étrangere. Le sorcier et la sorciere sout en défaut; Ils ont néanmoins une audace particuliere à leur caractere. Cette dame est fermiere à quelques lieue d'ici; Elle est extrêmement ménagere. Ces personnes ont la démarche fiere et des manière altieres. La fortune n'accorde que des faveures passageres. Nous avons parcouru la france entiere.

QUATRIÈME CLASSE.

RÈGLE. *Les adjectifs terminés en* eur *et en* eux *font leur féminin en* euse.

THÈME PREMIER.

Les paroles trompeuzes (1) de cette femme artificieuze. Les personnes flatteuzes ne méritent que du mépris. La bontée dénote une âme généreuze. Les femmes laborieuzes sont des trésors. Nous avons vu un danseur et une danseuze de corde. Cette légion est courageuze. La saison rigoureuze va bientôt arriver. Il y a dans ce chœure des chanteurs et des chanteuzes. Comme les femmes sont de grandes parleuzes, elles sont exposées à devenir moqueuzes. Cette jeune fille est boudeuze; cette manie la rendra malheureuze. Ma tante est une vieille radoteuze et une conteuze d'aventure facheuzes. Ma mère recommandait à mes sœures de n'être ni parleuzes, ni moqueuzes, ni joueuzes. Cette route est très-montueuze. La campagne est délicieuze dans ce moment. Cette personne est religieuze; Sa conduite est pieuze. La chose est douteuze. La récolte fut avantageuze l'année dernière. Ne faites pas d'actions honteuzes. Je hais les menteur et les menteuzes. Notre armée revint victorieuze des ennemi de l'Etat. Il y a dans la manufacture voisine des fileur et des fileuzes de dentelle. Que vous êtes heureuzes d'avoir des enfant qui ont une âme généreuze !

THÈME SECOND.

La mort joyeuze du martyr. La vie malheureuze du pécheur. Les flatteur et les flatteuzes

---

(5) On épelle *se* comme s'il y avait *ze*, parce que la lettre *s* entre deux voyelles, se prononce de même que le *z*. En écrivant *ze* on a, non-seulement conservé, mais indiqué la prononciation du mot; et on l'eut dénaturée en mettant *re* et *œe*.

sont des personnes dangereuzes. La résurrection glorieuze de notre sauveure est miraculeuze. La mort est hideuze pour le coupable; Elle n'a point d'horreure pour les âmes vraiment pieuzes. Nous avons rencontré ce soir des religieuzes de l'abbaye du voisinage. Ce cercle est composé de danseur et de danseuzes. Les danseuzes de corde ont rejeté toute pudeure. Quelle fin malheureuze eut cette ville infortuné ! Combien avez-vous de fileur et de fileuzes dans votre magazin ? Il y a des brodeur et des brodeuzes dans ce pays. L'ouvrage des brodeuzes est plus fin que celui des brodeur. Cachez vos passions honteuzes. Réjouissez-vous des heureuzes découvertes de la médecine. Voici un pleureur et une pleureuze qui s'affligent sans motif. Lisez les histoires nombreuzes que l'on a écrites pour l'instruction des jeune gens. Il y a beaucoup de causeur et de causeuzes ici. La victoire fameuze de Marengo fut gagnée par les troupes française. La vie champêtre est très-heureuze. Loin des cités tumultueuzes, j'irai chercher la paix et le bonheure. Ayez horreure des actions infâmes et odieuzes. Ces personnes ne sont ni menteuzes, ni moqueuzes, ni joueuses. Les paroles trompeuzes des courtisanes flatteuzes éblouissent les yeux du prince.

CINQUIÈME CLASSE.

Règle. *Les adjectifs terminés par f forment leur féminin en changeant f en v, et en ajoutant un e muet.*

THÈME PREMIER.

Vous aimez les personnes actifes. Une foi vife, une vife reconnaissance. Ma sœur est très-ingénieuze et naïfe. Ces plantes sont tardifes. Il y a des armes offensifes et des défensifes. Les armes offensifes sont celles avec lesquelles on attaque, et les armes défensifes sont celles avec lesquelles on se défend. Il y a dans la langue française quatre

conjugaisons actifes, et une seule conjugaison passife. Toutes les créatures sensitifes ont la facultée
de sentir. Voici une explication déterminatife. Il
y a des phrases négatifes, affirmatifes, interroga-
tifes, démonstratifes, exclamatifes. Fuyez les
personnes lascifes. Nous avons plusieurs pièces
fugitifes de Lebeau. On donna hier une bataille
décisife. Cette procédure est abusife. Cette tournure est abusife. Cette homme a une puissance
exclusife. Ces écolières sont véritablement trop
craintifes. Recevez ces matières abstersifes et ces
tisanes détersifes. Nous avons assisté à une séance
délibératife. Ces méchants ont commis les fautes
les plus grièfes. Leur sentence fut brèfe. Nous
aurons ce soir une séance récréatife. Il y a bien
des créatures passifes. J'attends une réponse définitife au sujet de la vente lucratife que je dois
faire. Cette jeune demoiselle est maladife. Parlez
d'une manière négatife ou affirmatife, mais sans
détoures.

THÈME SECOND.

Il y a des propositions conjonctifes, disjonctifes,
relatifes. Voici une obligation locatife. Cette vente
vous sera-t-elle lucratife? Nous avons reçu des
nouvelles positifes. Cette jument est rétife. L'heure
décisife arriva enfin, et la réponse du Roi fut
négatife, au lieu d'être affirmatife, comme on
l'avait espéré. Ne vous abandonnez jamais à des
mœurs lascifes. Les femmes sont vindicatifes.
Cette pouliche est rétife depuis quelques joures.
Nous avons, dans les verbes, la voix actife et la
voix passife. Nous en avons reçu une reconnaissance tardife. La clôture définitife des jeus aura
lieu demain. Mes cousines sont très-actifes. Une
personne passife est celle qui supporte une injure,
sans prononcer une parole plaintife. Les poèsies
fugitifes de Santeuil sont très-naïfes. Les œuvres
de Piron sont extrêmement lascifes. Ces paroles
sont expressifes. Les personnes trop craintifes sont

2*

malheureuzes. Ne prenez pas d'expressions abu-
sifes. Cette lecture est brèfe. Ne commettez point
de fautes grièfes. La journée décisife est arrivée.
Voici une personne expéditife. Cette affaire est
locatife. La lecture est une occupation récréatife
et profitable. Ne vous livrez ni à des actions, ni
à des paroles lascifes. Ne faites point vos lectures
trop brèfes. Voici des robes neufes, des cravates
neufes, des brochures neufes.

SIXIÈME CLASSE.

RÈGLE. *Les adjectifs suivans*, blanc, franc, sec,
frais, *font au féminin*, blanche, franche,
sèche, fraîche; public, caduc, turc, *font*
publique, caduque, turque; grec, *fait* grecque; malin, bénin, *font* maligne, bénigne;
long, *fait* longue.

THÈME PREMIER.

Les plumes du cigne sont blancs. On aime les
personnes franc. Ces avoines sont secs. Elles
étaient frais il y a quelque temps. J'ai trouvé
des pages blancs dans ce cahier. Il y a des noi-
settes francs dans notre jardin. Toutes les terres
des montagnes sont secs, et celles des vallées
sont frais. Nous avons des années secs et des
saisons frais. L'affaire est devenue public depuis
quelques jours. Les dissentions publics nuisent
aux états et aux familles. Les institutions publics
ont de grands avantages pour la sociétée. Ma
mère devient caduc. Vous avez la voix caduc.
Mon père a la santé caduc. Votre maison est
vieil et caduc. Ces personnes seront caducs
avant la fin de leurs jours. Les femmes sont caducs de bonne heure. La flotte grec a battu celle
des Turc. Les troupes grecs ont eu l'avantage
sur les troupes turcs. La garnison grec s'est dé-
fendue avec une valeure étonnante. Les bels
actions des armées grecs étonnaient l'univers.
Cette dame est bénine. Vous avez des intentions

bénines. Ils ont l'âme bénine. Vous rencontrerez peu d'âmes bénines envers tout le monde. Cet homme a la tête maline. La tournure de cette phrase est maline. Il y a là-dessous des intentions malines. Cette méthode est trop long.

THÈME SECOND.

Ce vieillard a la tête blanc. La neige est plus blanc que toutes nos couleures du même genre. Soyez franc, ma sœur, et vous avouerez votre humeure comme moi. Vous connaissez sans doute les plantes francs. La lettre que vous recevez est-elle franc de port? Non, elle n'est point franc de port. Nos terres et nos villes étaient francs antrefois. Cette contrée est encore franc. Voici ma volonté franc. Ces planches ne sont point secs, et elles ne seront guère secs avant un an. La terre est sec depuis longtemps. Cette cave est très-frais. La nourriture des matelots est sec. Les terres qui sont voisins de l'eau sont toujours frais. Cette semaine fut sec : la précédente avait été très-frais. Gardez-vous de rendre vos affaires publics. Les prisons publics devraient imposer aux méchants. Les alarmes sont publics. Tâchez d'apaiser les craintes publics. Livrez-vous aux affaires publics. La nouvelle deviendra bientôt public. Votre tante est bien caduc. Nous avons dans ce moment une succession caduc à recevoir. Comme votre voix est caduc maintenant; vous n'avez pourtant point la mine caduc. Les escadres grecs vont se joindre, et la flotte turc les attend. Ayez plutôt des intentions bénines que malines. Cette étoffe est plus long que large.

RÉCAPITULATION des six règles précédentes.

THÈME PREMIER.

On estime les personnes prudents. La France

a produit des femmes savants. La providence divin a des bontés infinis pour nous. Les créatures humains tiennent tout de la divin providence. Rendons-lui tous les actions de grâce que les hommes peuvent lui rendre. Soyons pénétrés de la plus vive reconnaissance envers la sagesse éternel. Nos douleures ne sont que passagères. Sa puissance souverain met un terme à nos maus. Les cieux sont notre récompense futur. Heureux celui qui aura l'âme assez pur pour être admis à contempler la majesté divin ! Les paroles artificieuzes du méchant ne doivent faire aucun impression sur vos cœures. L'impie s'élève contre la religion saint et contre les traditions anciènes. Les grandes pluies rendent la terre frais. Les grandes chaleures rendent la terre sec. Nous voyons des personnes heureuzes se croire malheureuzes. Une femme actife et ménagère est inapréciable. Les durs fatigues de la campagne donnent une santée robuste. Les voix harmonieuzes de mes sœures font l'admiration de touts les personnes qui les entendent. Les chiens ont une fidélitée rare. Les bels exemples de ce maître d'écriture sont d'une élégance fini. La voie du ciel est étroit, et la voie de la perdition est large et dangereuze.

THÊME SECOND,

Les Carthaginois firent souffrir à régulus la mort la plus cruel. Une vie mol et efféminé dégrade l'homme, et le met au-dessous des animaus. L'armée français remporta une victoire fameuze dans la derniere guerre. Les forces réunis de l'Europe n'ont pu faire trembler nos légions valeureuzes. Les plaines de l'Afrique sont secs et déserts. Les eaux de la Seine sont blancs. L'eau de la mer est salé. Les villes anciènes sont ensevelies dans la poussière. Les pyramides si vantés ne sont que des amas de pierres inutiles. La religion païène disparut, et la religion chrétiène la remplaça. Aimez les pratiques pieuses de cet religion trois fois saint. Que votre âme dégagé de ses iniquités, offre à la souveraine majestée du roi des anges le tribut de son amour et de sa vife reconnaissance. La gloire des héros est immortel. Leur brillant renommée passera à la postérité la plus reculé. Les grandes dépenses que vous faites sont très-nécessaire et très-avantageuzes pour le pays. Ma grand'mère devient caduc. La flotte turc a rencontré les escadres grecs, et a pris quelques vaisseaux. Les bateaus plats ressemblent à de longs barques. La Manche n'est point orageuze. La mer noir, au contraire, est très-orageuze, et par conséquent très dangereuze.

THÊME TROISIÈME.

Les Francs étaient une nation belliqueuse; Leur taille n'était point haut comme celle des Gaulois; ils étaient d'une petit stature. Les savants découvertes de cette fameuze sociétée ont éclairé l'espèce humain. Les modes étrangères sont passées chez nous depuis peu. Des coutumes particulieres ont lieu dans cette petit île. Les Français sont d'une taille moyène, mais bien proportionné. Les Georgiennes sont les plus bels femmes du monde. Les œuvres choisis de Racine sont très-chers. Les poësies fugitifes de La Fontaine sont malines et pleins de sel. Les prunes et les pommes de ce jardin sont excellents. Vous avez des couleurs vermeils. Nous célèbrerons la semaine prochain une fête solennel. Cet étoffe n'est point pareil à l'autre. Cet femme est vieil maintenant. Ces draperies sont entièrement neufes. Cet journée m'a paru bien brèfe. Il y a des punitions grièfes pour les fautes grièfes. Fuyez les personnes grimacieres, de peur de prendre leurs sotes manies. Livrez-vous à l'étude sérieuze des bels-lettres. Les sciences sont des possessions précieuzes. Redoutez les paroles flatteuzes du trompeure. Je hais les personnes flatteuzes autant que les personnes menteuzes. Les femmes trompeuzes sont ordinairement artificieuzes. On a reconnu les noirs perfidies de cet méchant femme.

THÈME QUATRIÈME.

Les reines bienfaisants méritent l'amouré des peuple. Nous assisterons à la clôture définitife des jeus. Les phrases sont, ou affirmatifes, ou négatifes, ou dubitatifes. Nous avous aussi des conjonctions affirmatifes, négatifes et dubitatifes. Voici une parole bien expressife. David commit une faute grièfe ; Sa peine aussi ne fut pas légere. Hélas ! que cet heure me parut long ! Les heures du plaisire semblent trop brèfes. Seigneur, écoutez nos prières fervents, et exaucez nos vœus ! Nos âmes sont contrits, et nos cœures sont repentants. Quelle tête fole ! Ce boulanger fait sa pâte trop mole. La fermière du voisinage est une femme soigneuze et ménagere, actif et vigilant. On voit peu de personnes contents de ce qu'elles ont. On aime les richesses vains et futiles, et l'on s'attache à des choses fugitifes. Il y a des richesses bien plus précieuzes que celle de la terre. Ces richesses sont dans le ciel, notre vrai patrie. Ce guerrier a l'âme fiere et noble. Ces femmes sont altieres. Les troupes ennemis vont fondre sur notre armée naguère victorieuze. Les nations voisins ne sont pas belliqueuzes. Leurs soldats n'ont pas l'âme guerriere comme la nation française.

THÈME CINQUIÈME.

Les plantes tardifes sont d'une grand ressource. Les premieres armées n'étaient point nombreuzes. Quelle intention bone et droit ! Vous avez une âme bénine. Nous avons reconnu des actions malines et trompeuzes. La mort de la croix est ignominieuze. Les murailles de Jérico étaient très-forts. La ville avait des toures élevés. J'ai souffert des douleures cruels dans une longue maladie. Cet brebis est gras. Ces pommes sont gros et délicieuzes tout à la fois. Voici de bèles fraises. J'aime les personnes francs et modeste. Les terres secs ne conviennent point aux légume. Les terres frais leur conviennent en tout saison. La belle province de l'Andalousie est très-abonbant en orangers. Les routes sont bordés de plantes odorants. Les terres n'y sont jamais trop secs ; Elles sont arrosées par des eaus clairs et limpides. Cet maison est devenue caduc comme les vieils gens qui l'ont fait bâtir. La principale nourriture de l'homme doit être le pain. Les nourritures trop délicats énervent les forces. L'histoire grec est plein de beautées : elle l'emporte encore sur l'histoire romain. Les nâtions étrangeres devenus alliés de la république romain, avaient recours à ses armes heureuzes et puissants.

THÊME SIXIÈME.

La langue grec est plus difficile que la langue latin. Nous avons des grammaires grecs et latins. La conjugaison grec est plus riche que la conjugaison latin. La conjugaison français est presque aussi étendue que la conjugaison grec. L'affaire dont on parle est public. Les danses publics ne conviennent nullement aux jeunes gens. La séance fut public, et tout le monde y assista. Nous avons vu avec la plus grande joie la distribution solennèle des prix de la fameuse pension de St.-Dénis où est ma sœure. Cet établissement est une maison royal. Les élèves sont touts de famille distingué. Les couronnes étaient très-bels, et les livres d'une grande beautée. Ce maître a pour les enfants studieux et obéissants une tendresse toute paternele. L'action fut décisife. La langue grec a trois voix dans la conjugaison : la voix actife, la voix passife, la voix moyène. Cette muraille est-elle mitoyène? Cette salle de danse est neufe. La campagne donne une santée vigoureuze aux enfants. Cet terre est très-bone; On y a fait d'excellents récoltes. Le département du Nord produit des graines gras. Cet couleure est vermeil. Une amitiée passagere n'a point de douceures. Les pyramides sont très-anciènes. Les anciènes villes de France sont mal bâties. La plupart des villes nouvèles sont plus bèles que les anciènes. On y a réuni des commoditées infinis, tant pour les eaux que pour les places publics, et pour la salubritée des maisons. La place public de Rome se nommait le *forum*.

DU VERBE.

DES VERBES SIMPLES.

PREMIÈRE CLASSE.
Verbes AVOIR et ÊTRE.

Pour faciliter l'étude du verbe *avoir*, on pourra le faire conjuguer aux élèves avec quelques petits mots, comme ci-après:

J'ai soin, j'ai besoin, j'ai peur, j'ai honte, j'ai horreur, j'ai souvenance, j'ai faim, j'ai soif, j'ai coutume, j'ai pitié, j'ai peine, j'ai habitude, j'ai compassion, j'ai tort, j'ai envie, j'ai le désir, j'ai crainte, j'ai souci, j'ai du goût, j'ai du dégoût, j'ai du plaisir, j'ai du déplaisir, j'ai patience, j'ai crédit, j'ai assurance, j'ai la croyance, j'ai souvenance, j'ai la charge, j'ai connaissance, j'ai autorité, j'ai pouvoir, j'ai obligation, j'ai la parole, j'ai obéissance, j'ai soumission, j'ai gain, j'ai perte, j'ai regret, j'ai douleur, j'ai frayeur, j'ai raison, j'ai droit, j'ai avantage, j'ai permission, j'ai défense, j'ai ordre, j'ai contre-ordre, j'ai foi, j'ai chaud, j'ai froid, j'ai intérêt, j'ai dommage, j'ai du désavantage, j'ai du profit, j'ai de l'aversion, j'ai de la répugnance, etc.

Conjuguez avec le verbe *être : Je suis sage, je suis riche, je suis pauvre, je suis libre, je suis faible, je suis prudent, je suis savant, je suis innocent, je suis patient, je suis bon, je suis maître, je suis habile, je suis fort, je suis vertueux, je suis pieux, je suis zélé, je suis compatissant, je suis juste, je suis actif, je suis violent, je suis vif, je suis studieux, je suis orgueilleux, je suis avare, je suis fou, je suis gros, je suis gras, je suis sobre, je suis propre, je suis vigilant, je suis adroit, je suis léger, je suis pensif, je suis industrieux, je suis malade, je suis complaisant, je suis arbitre, je suis roi, je suis duc, je suis marquis*, etc.

DEUXIÈME CLASSE.

VOIX ACTIVE.

PREMIÈRE CONJUGAISON.

VERBES A CONJUGUER SUR AIMER.

I. Aider, en changeant *m* en *d* ;
Armer, en changeant *i* en *r* ;
Rimer, en changeant *a* en *r* ;
Limer, en changeant *a* en *l* ;
Relimer, en ajoutant *re* au verbe limer ;
Animer, en intercalant *n* ;
Ranimer, en ajoutant *r* au verbe animer ;
Désarmer, en ajoutant *dés* au verbe armer ;
Ramer, en changeant *ai* du verbe aimer en *ra* ;
Tramer, en ajoutant *t* au verbe ramer ;
Trimer, en changeant l'*a* du verbe tramer en *i* ;
II. 1.° Les verbes en BER, comme *bomber, plomber, absorber*, etc.

2.° Les verbes en DER, comme *bander, guider, border, corder, accorder, céder, concéder, excéder, recéder*, etc.

3.° Les verbes en FER, comme *biffer, coiffer, greffer*, etc.

4.° Les verbes en HER, comme *toucher, cou-*

cher , boucher , emboucher , reboucher , débou-
cher , chercher , rechercher , accoucher , etc.

5.º Les verbes en LER : parler , rouler , filer ,
couler , mouler , mêler , etc.

6.º Les verbes en MER , comme blâmer , fumer ,
parfumer , inhumer , embaumer , calmer , etc.

7.º Les verbes en NER , comme donner , badi-
ner , pardonner , miner , abandonner , etc.

8.º Les verbes en PER , comme frapper , tromper , pomper , couper , etc.

9.º Les verbes en QUER , comme piquer , appliquer , compliquer , risquer , etc.

10.º Les verbes en RER , comme parer , comparer , réparer , préparer , etc.

11.º Les verbes en SER , comme penser , danser ,
immortaliser , chasser , etc.

12.º Les verbes en TER , comme chanter , sau-
ter , vanter , tenter , etc.

13.º Les verbes en VER , comme braver , cuver ,
couver , trouver , etc.

14.º Les verbes en XER , comme fixer , taxer ,
etc.

III. 1.º Les verbes en ÉER , comme créer ,
récréer , agréer , etc.

2.º Les verbes en UER , comme huer , ruer ,
tuer , remuer , saluer , distribuer , diminuer ,
obstruer , continuer , instituer , constituer , res-
tituer , destituer , etc.

3.º Les verbes en OUER , comme nouer , louer ,
vouer , avouer , clouer , etc.

RÈGLES GÉNÉRALES POUR LA 1.ʳᵉ CONJUGAISON.

(Les deux premières regardent aussi le verbe
AVOIR *et* ÊTRE. *)*

1.º Toute seconde personne singulière prend
s , excepté à l'impératif dans la première conjugaison.

2.º Toute troisième personne plurielle prend
nt , qui est la marque du pluriel dans les verbes.

3.º Le présent de l'infinitif doit se retrouver tout entier au futur et au conditionnel présent de la première conjugaison.

THÊME PREMIER.

Tu aimera ton prochain comme toi-même. Tu l'aidera dans ses besoins, car tu est son frère, comme son semblable. Les hommes aimes trop souvent les choses viles et périssables. Ils aimerons l'or plus que la vertu, et ils ne cesserons de l'aimer qu'à la mort. Alors tout leur seras inutile : ils n'emporterons rien de leurs richesses dans le tombeau. Ils réverront la main qui les frappes, et regrettront leur conduite passé. Telle es et telle seras long-temps l'erreure du grand nombre. Nous donnont des louanges aux écoliers qui travailles avec zèle, et qui aimes leurs maîtres. Je pardonnes à mon fils la faute qu'il a commise. Tu pardonnera aussi aux tien la même faute, car tu l'aime autant que jaime le mien. Tu blâme ma conduite, parceque tu a pensé que je blâmerais la tienne. Bientôt on fumeras les terres. Les anciens embaumait les corps.

THÊME SECOND.

Pourquoi les passants hue-t-ils les gens ivres ? C'est parce que ceux-ci ont perdu la raison. Les enfans tues impitoyablement les insectes qui ne leur font aucun mal. L'adjectif attribues au sujet une qualité bone ou mauvaise. Tu distribue tout ton bien aux pauvre. Nous continurons à faire l'aumône, mais nous ne distriburons pas tout, car nous diminurions la fortune de nos enfants qui ne nous est confiée que comme un dépôts. Les différente circonstances de la vie nous empêche de nous montrer tels que nous sommes. Nous espérons que tu discontinuera ton travails. Je discontinues bien volontiers le mien, parce qu'il me fatigues trop. Des branches d'arbre obstrues le passage. Ne remues point cette affaire, car j'en

remurais une autre plus difficile. Tu noue les
cordon de tes souliers ; ils se dénoue toujours. Je
loues la vertu de cet hommes.

THÊME TROISIÈME.

Tu louras la conduite sage de ton frère. J'avourai que la justice n'est point de son côté. Je désavoues les moyen qu'il a pris. Mais qui ne lourait
pas son adresse ? Je recloues tout ce que tu cloue,
parce que tu ne cloue pas solidement. Qui ne
lourait pas cette action ? Si tu continue, mon fils,
à dissiper ton biens, tu terminera mal tes jour. Tu
hue les pauvres, et tu ne les salue pas. Ne continues pas, car tout le monde te mépriserais bientôt. Chacun te blâmrait, et tu ne trouvrais
d'amis nulle part. Les gens sensés méprises les
hommes vains et superbes ; Ils les traites avec le
plus grand mépris. Nous vourons un pélerinage
que tu désavoue peut-être, vu ta manière de voir.
Ces enfans rue des pierres avec une adresse étonnante. Je suis sûr que tu ne les rurais pas aussi
adroitement. Ne loues pas les mauvaise disposition
de cet enfant ; car, si tu les louait, il continurait
à se faire mépriser de tout ses camarades.

THÊME QUATRIÈME.

J'aimes trop mes enfant pour être leur maître.
Tu ne les aime pas moins, et tu leur donne
des preuves d'une véritable amitiée. Combien
d'hommes laisse accroître les défaut de leurs
enfant, au lieu de faire tout leurs efforts pour
les déraciner. Qui n'aimrait pas ceux de mon
oncle ? Ils sons si doux, si bons ! Je remus le
caractère lourd de mon neveu, de peur qu'il ne
continues à s'appesantir. Nous distriburons ensemble au pauvres de la paroisse la quête que
nous ramasseront dimanche prochain à la messe.
Renoues donc ta ceinture, puisque tu vois qu'elle
se dénoues. Tous les siècles louront le dévoûment
de Léonidas. On attribues souvent de la honte

aux devoir de la religion. Qui n'avoura pas,
comme moi, que ceux qui penses ainsi., penses
fort mal. Je pardonnes de bon cœur à mes ennemis. Tu pardonne de même à ceux qui t'offense.
La religion nous ordonnes de pardonner, afin
que Dieu nous pardonnes. Je présumait que tu
me parlerait avec moins de fierté.

SECONDE CONJUGAISON.

VERBES A CONJUGUER SUR FINIR :

*Unir, punir, munir, polir, embellir, ter-
nir, vernir, fournir, avertir, bénir, repolir,
réunir, désunir, nourrir, régir, abolir, amollir,
rougir, fouir, réussir, haïr, verdir, reverdir,
roussir, vomir, emplir, remplir, rotir, crépir,
roidir, ravir,* etc., *et leurs composés.*

RÈGLES GÉNÉRALES.

1.° Toute seconde personne singulière prend
s; 2.° Toute troisième personne plurielle prend
nt; comme dans la première.

Nota. Ces règles servent aussi pour la troisième
et la quatrième conjugaisons.

THÈME PREMIER.

Tu punira, ô mon Dieu, jusqu'aux moindres
faute. Les hommes cherche en vain à se cacher à
tes yeux. Qu'ils bénisse ta main libérale et prodigue de bienfait ! La vie champêtre remplis les
jeunes gens de vigueure. La ville amollis au contraire le corps des jeune gens. A-tu réussi dans
ton entreprise ? J'ai bien de la peine à croire que
tu réussira. Tout le monde doute que tu réussisse.
Je régit le domaine de monsieur le comte d'Eg-
mont ; Si tu eusse voulu, tu l'eusse régi à ma
place. Je fourni à vos parent toutes les marchandises qu'ils désire, et je remplit leur attente :
j'espère que je continurai avec le même succès.
Tu m'a ravi mon plus bel ouvrages ; quand me le
restituras-tu ? Je finit aujourd'hui le travail dans

lequel tu réussira aussi bien que moi. Polit bien
ton ouvrage, avant de le faire paraître. Repolit-le
jusqu'à ce que tu aie rempli la tâche dont tu t'est
chargé. Les écrivains devrait se mettre en garde
contre la critique, et ne donner que des ouvrage
exempts de défaut. De même que les médica-
ments guérisse les maus du corps, de même les
bons livres guérisses les maus de l'âme.

THÊME SECOND.

Les bon ouvrages mérites d'être lus et relus
cent fois. Tu recherche avec avidité, ma fille, non
pas les bon livres, mais ceux qui remplisse l'i-
magination ardente des jeune personne de choses
futile et de vaine chimères. Je t'avertie ; afin que
tu porte remède au mal, pendant qu'il es encore
temps ; car je t'avertirait inutilement, lorsque
ton cœur aurais goûté ce mortel venin. Tu rougie
de ton erreur : Ne rougie point ma chère fille ;
tu sera toujours chérie d'un père qui t'aimes
tendrement, et qui ne respires que pour toi.
Embellie ses vieus jour par ton zèle pour la vertus.
Tu bénira la providence de t'avoir donné d'heureuse dispositions, et tu remplira ainsi la dette
sacrée de la reconnaissance. Tu fuira ceux qui
parle mal de la religion. Tu évitras leur compagnie avec soin, et tu aura toujours devant les yeus
les sages avis de ton père. Telle est la doctrine
qu'enseignait les apôtres, et par laquelle ils abo-
lire le culte des faux dieus.

THÊME TROISIÈME.

Le seigneur béniras les enfant dociles et qui
travailles avec application. Il orneras et embelliras
leurs jeune années. Tu saisit toutes les occasions
de rendre service aux malheureux, et tu réunit
toutes les qualités d'une bel âme. Cet femme mal
intentionnée désuniraient les familles les mieux
unies ; Elle ruineraient les maisons, et rempli-
raient tous les cœures de haine. Les personne

crédules ajoute foi à ses paroles, et haïsses leurs parent ; Elles saisisses les occasion de leur faire de la peines et de leur vomir des injure. Les bons ouvrages fournisse toujours à l'esprit des idées grandes et noble. La lecture des romans nourris le cœur de niaiserie et de bagatelle. Les impies méprise les commandement de Dieu, et ils rougisse de le prier. Ils se compares aux animau qu'ils nourisse, et qui agisses sans raisonnement. Ils ne parlerait pas ainsi, s'ils réfléchissait le moins du monde.

TROISIÈME CONJUGAISON.

Verbes a conjuguer sur RECEVOIR :

Apercevoir, concevoir, percevoir, décevoir, devoir, redevoir.

RÈGLES GÉNÉRALES POUR LES PARTICIPES.

1.° Le participe présent est toujours terminé en *ant* ;

2.° Le participe passé prend comme l'adjectif les deux genres et les deux nombres, lorsqu'il est seul.

THÊME PREMIER.

Reçoit les hommages que tu a toujours reçus de ton fils, mon cher père ; reçoit en récompense de tes bienfaits l'expression des sentiment de la plus vive reconnaissance. Tu conçoit que je te doit trop, pour jamais oublier les soins que je reçut de ta bonté si tendre. J'aperçoit et tu apercevra assurément que je suit encore loin d'avoir rempli ma dette. Ah ! tant que je vivrai, tu recevra les même hommages, et ma reconnaissance ne finiras qu'avec ma vie ? Que le ciel bénissent tes jours ! Qu'ils coules dans la paix la plus profondes, et que tes enfans conserves tout leur vie un si bon père ! Tu perçoit aujourd'hui les droit de notre commune ; nous ignoront si tu doit le faire, et nous voulons savoir si tu a reçu ta commission.

Les hommes aperçoives facilement les défauts des autres, et ils aperçoives difficilement les leurs. Nous aimont et nous favorisont les enfants qui conçoives aisément. Quelle peine ne donnes point les enfant qui ne conçoives rien de ce qu'on veut qu'ils conçoives !

THÈME SECOND.

A-tu reçu les billets portants quittance de vingt mille écu. Part aussitôt la lettre reçu, ne reçois que la somme compté et donné en bonnes espèces; tu a le droit de l'exiger. Ne reprochez jamais les services rendu. C'est en travaillant avec ardeure que l'on obtiens les récompenses promise à l'application soutenu. L'ordre donnée, le courrier voles de rang en rang, et l'annonce à tous les français combattants pour la bonne cause. Les empires anéanti, les trônes renversé, les champs rempli de cadavres, les peuples dispersé çà et là, nous annonces la puissance du souverain maître qui gouvernes tout à son gré. Mes frères partant pour l'Espagne, me laissères le soin de leurs affaire. Il me donnères par écrit les plus pressé, et me recommandères surtout d'agir, non avec cet ardeur précipité qui embrouilles les affaire, mais avec cet prudence sage et éclairé qui se trouves toujours suivi du succès. Tu réussira, me dirent-ils, par ce moyen, et tu terminera un procès ruineux pour tout notre famille. En vain nos ennemis tâcherait-ils de pousser les choses; montre-leur cet prudence modéré que nous te recommandont avec le plus grand soin.

THÈME TROISIÈME.

Cet enfant dois être puni, parce qu'il ne conçois que de mauvais projet. Il as reçu déjà plusieur avis qu'il regardent probablement comme inutiles. Vous auriez peine à croire ce que ce malicieux enfant as conçu dans son imagination déréglé. En passant par la prairie, il aperçus le

joli chien que tu m'a donné et que ces messieurs
désiraient avoir, le saisis par le cou, et le serras,
avec une tel violence qu'il l'auraient étranglé,
si je ne l'eusses pas aperçu. O mon Dieu, donnes
à mon âme ravi, toutes les consolations dont tu
énivre ceux qui se repose en ta bonté paternel.
Que mon cœure brisé et contrit à la vue de mes
erreur, bénisses tes faveurs infinie et loues à
jamais ton nom glorieux ! C'est en pardonnant
aux brebis égaré que tu les ranime et que tu les
reçoit dans ton sein. C'est en punissant les pê-
cheurs obstiné et endurci que tu inspire aux
méchants la crainte de tes châtiments éternel.

QUATRIÈME CONJUGAISON.

VERBES A CONJUGUER SUR RENDRE :

*Pendre, vendre, fendre, tendre, pondre,
fondre, tondre, étendre, entendre, retendre,
attendre, prétendre, refendre, défendre, re-
vendre, suspendre, rependre, répandre,
retondre, refondre, confondre, répondre,
correspondre, mordre, tordre, rompre, corrompre, interrompre, etc.*

RÈGLE GÉNÉRALE.

*Le futur et le conditionnel présent de cette
conjugaison ne prennent point d'e muet à la
terminaison, comme le futur de la première.*

THÈME PREMIER.

Dieu rendera justice à chacun de nous au
grand joure où nous entenderons notre arrêt.
Lorsque vous comprenderez l'explication de ce
mystère, vous lourez le seigneur. Si nous pensiont continuellement à la mort, nous ne pren-
derions goût à aucun plaisire. Nous attenderons
avec impatience le retoure de notre ami; car il
nous apprendera quelques nouveaux cantiques.
Quand même les hommes confonderaient le justes

avec l'impie, Dieu les traitera différemment.
Vous prétenderiez à tort qu'on nous regardrait
comme des enfans studieux, si nous occupiont
mal notre temps. Dieu répandera ses bienfaits sur
les hommes, tant qu'ils observront ses commandement. Nous étenderons nos connaissances,
tant que nous continurons à lire les bon ouvrages.
Lorsque vous interromperez notre travail, nous
chantront des airs pieux. Si mes frères chantait
avec nous, vous entenderiez un chœur de voix
qui charmeraient vos oreilles.

THÈME SECOND.

Lorsque vous comprenderez les définitions de
ce problême, vous quittrez cette routine qui vous
renderait inhabile à une science dans laquel vous
aimerez chaque jour à faire de nouveau progrès.
Vous entenderez cet acteur avec plaisir, lorsqu'il
chantra à Feydeau. Vous demandrez son nom,
et l'on vous réponderra avec empressement. On
fondera trois cloche ici demain, et on les bapti-
seras dimanche en grande cérémonie. Mon père
attendera-t-il volontiers l'arrivée du médecin ?
Ne tentra-t-il pas de se guérir lui-même ? Lorsque vous tenderez vos filets, vous me laissez
prendre moi-même les poissons. On tondera les
troupeaux dans quelques joures. Je vous aimerez,
mon fils, tant que vous réponderez à mes soins
généreux, tant que vous évitrez la compagnie des
jeune gens qui vous corromperaient et vous per-
deraient sans ressource.

RÉCAPITULATION des quatre conjugaisons de la voix active.

THÊME PREMIER.

Si nous aimiont Dieu comme nous devont l'aimer, nous n'oseriont pas même l'offenser dans
les plus petite choses. Ceux qui méprises le
moindre point de la loi, mépriserons peu à peu

d'autres points important. Évités les mauvaises compagnies avec soin, et retirés-vous des impies qui déshonores leur vie par leurs outrage contre l'Eternel. Ils insulte celui de qui ils ons reçu tout ce qu'ils ons, le maître de leurs jour. Ils continuront à offenser ainsi celui qui les nourris chaque jour et qui pourrais en un seul moments les anéantir, jusqu'à ce que son bras vengeur s'appesantissent sur eux et les fasses rentrer en eux-même. Dieu aimat l'homme le premier et le comblat de toutes sorte de biens, afin que, par retoure, l'homme l'aima et l'adora comme son maître et son père. Quel bonté infini! Dieu nous donnât lui-même les première preuves d'amour, pour que nous lui donnassiont à notre tour des marques d'un amour sincère et d'une vif reconnaissance. Il lui as coûté infiniment avant qu'il punit le coupable. Il n'eût pas été dans l'ordre de la justices, que le méchant reçut la même récompenses que le bon.

THÊME SECOND.

Nous visiteront les plus belle églises de Paris. Lorsque nous aurons admiré les beautées sans nombre de la capitale, nous quitteront ce séjour de délices. De retour au hameaux, nous contempleront les merveille de la nature, qui ne sons pas moins digne d'admiration que les ouvrage de la main des hommes. Parcourés avec moi ces lieu, et vous y trouverés la magnificence la plus grande. Admirés ces côteau qui porte les fruits les plus délicieux, et ces moissons doré qui décore la campagne. Tu trouve ici, ô homme, une abîme où se perds et se confonds ton savoir. Tu ne saurait pénétrer la profondeure des ouvrage mystérieux de la création et de la végétation. Nous avont beau réfléchir, nous ne pouvont arriver jusque-là. Lorsque tu considéra ton être, tu dut te voir dans une tel dépendance, qu'il t'es impossible de faire un seule pas, sans Dieu qui te soutiens et qui prends soin de toi. Pourquoi donc ce Dieu de bontée créas-t-il l'homme? C'est afin qu'il lui rendit l'hommage de son être; et, s'il le créat faible, c'était afin qu'il se rappelat plus souvent son Dieu.

THÈME TROISIÈME.

C'est hier que mon père m'as raconté une histoires édifiante, afin que toujours mon cœur brûlat de la même ardeure du bien. Il finît son récit par une morales, afin que mon esprit saisit mieux le sens de ce qu'il m'avais raconté Aussi mon cœure en reçus une si vif impression, qu'il me fus impossible de ne point verser des larme. Un voyageure prît ce chemin, quoique l'autre fût meilleure, et quoique je lui eusses dit qu'il prit garde de rester en route : aussi il eût sujet de s'en repentir, et revînt me consulter. Alors je lui dis qu'il passat par le premier, et il se tirat d'affaire sans aucune accident. Vous seriés bien ingrat, si vous murmuriés contre la providence dont vous recevés tout ce que vous avés. Nous avont de puissant motifs de reconnaissance envers elles. N'est-ce pas elle qui nous as fait ce que nous somme? Oui, c'est elle-même qui vous as faits ce que vous ête, hommes vains et superbe qui faite votre Dieu de vos biens et de vos richesse, vous qui déshonorés si souvent l'humanitée.

THÈME QUATRIÈME.

Nous somme tous nés pour le travail. Pourquoi donc, jeune gens, ête-vous triste, lorsqu'il faut travailler? Celui qui perd sa vie dans l'oisivetée né remplis pas le but pour lequelle Dieu le créat et le mît sur la terre. Le globe terrestre comprends deux parties, la terre et l'eau. Celui qui régis tout ce vaste univers dois être l'objet de nos adoration. Il envoyat son fils bien-aimé aux homme devenu indignes de cet insigne faveure;

et il l'envoyât, pour qu'il les rachetat du pêché et
de la morts. Vous fûte, ô mon Dieu, vous-même
mon sauveure ; et je pourrait être assez ingrats,
pour que ma reconnaissancé n'éclatat pas et ne
durat pas éternellement. Vous dite au pêcheuré
que vous ête un bon maître, et vous l'invités à
se rendre par votre douceure ineffable. Si nous
vivons bien, nous mériteront votre grâce ; mais
si nous nous montront rebelles à vos loi, nous
auront en partage les châtiments terrible que vous
réservés au méchants. Il étais bien juste que
l'homme payat la peine de ses iniquité, ou qu'il
reçut la récompense de ses bones œuvres.

VERBES A CONJUGUER AVEC DES PRONOMS.

PREMIÈRE CLASSE.

VERBES AUXILIAIRES.

Conjuguez sur *avoir* :

J'ai besoin de mon ami.
J'ai soin de ma sœur.
J'ai peur de mon ombre.

J'ai honte de mes fautes.
J'ai souvenir de mon enfance.
J'ai compassion de mes semblables.

Conjuguez sur *être* :

Je suis sage devant mon maître.
Je suis soumis à mon père et à ma mère.
Je suis studieux devant mes supérieurs.

Je suis respectueux envers mes parens.
Je suis le premier de ma classe.

DEUXIÈME CLASSE.

VERBES ACTIFS.

PREMIÈRE CONJUGAISON.

Conjuguez sur *aimer* :

Aimer son père et sa mère. Flatter son frère
et sa sœur. Féliciter son fils et sa fille. Récom-
penser dignement ses enfans. Aimer son Dieu,
sa patrie et son Roi. Imiter son père, sa mère
et ses frères.

DEUXIÈME CONJUGAISON.

Conjuguez sur *finir :*

*Finir bien sa journée. Finir avec application
sa tâche. Punir l'enfant de sa légèreté. Bénir
Dieu et son saint nom.*

TROISIÈME CONJUGAISON.

Conjuguez sur *recevoir :*

*Recevoir la punition de sa paresse. Devoir
subir le châtiment de son crime. Percevoir les
droits de sa commune. Apercevoir son âne
tombé dans son puits.*

QUATRIÈME CONJUGAISON.

Conjuguez sur *rendre :*

*Rendre ses devoirs à son père et à sa mère.
Prendre la ville avec son armée. Rendre la vie
à son esclave.*

TROISIÈME CLASSE.

VOIX PASSIVE.

On peut conjuguer sur *être aimé* tous les verbes actifs déjà donnés.

VERBES PASSIFS A CONJUGUER AVEC DES PRONOMS.

Etre aimé ou *aimée de son père et de sa mère.
Etre fini* ou *finie par ses soins. Etre reçu* ou
reçue par ses amis. Etre rendu ou *rendue à sa
famille. Etre flatté* ou *flattée par son frère.
Etre puni* ou *punie par son père. Etre aperçu*
ou *aperçue par son maître.*

RÈGLES DES VERBES PASSIFS.

1.º Le verbe passif peut être conjugué entièrement au masculin et au féminin, puisque le
participe passé reçoit le genre du sujet.

2.º On remarquera qu'au pluriel le participe
prend *s*, tant au masculin qu'au féminin.

THÈME PREMIER.

Ma sœur, tu a été puni de ta faute. Nous somme tendrement aimé de nos parens. Tu avait été averti et menacé l'autre jour. Tu serat une autre fois plus modéré. Je suis aimé de ma bone maman, dit cette petite fille si intéressant. Mes sœurs sont chéri de mon oncle qui a été constitué leur tuteure. Les enfans sages sont béni du ciel. La vie est rempli de mille souci. Heureux l'homme qui n'es agité par aucun trouble! Les troupes ont été accablé des revers les plus affreux. La bataille était presque désespéré, lorsque la présence du Roi ranimat les courages. Combien de villes fameuzes sont tellement annéantie qu'on ne pourrais en rencontrer aucun vestige. Les ennemis furent attaqué en flanc et en queue. Tu sera un ignorant, mon cher enfant, si tu n'est formé par de bons maîtres. Combien d'enfants seraient enchanté de pouvoir apprendre! Je serais flattés de te voir aimée et estimée de tout le monde. Telles sont les vœux qu'un pères tendre as toujours formés pour toi.

THÈME SECOND.

Ces livres avaient été prêté à mon ami. Ils sont lu partout et apprécié des connaisseurs. Les enfans vicieux sont blâmé et mal reçu des honnêtes gens. Si vous voulez être loué de vos maîtres, appliqués-vous à l'étude. Sujets, soyez uni; car tout les peuples ont été vaincu, lorsque la discorde a été semé parmi les citoyen. Que vos cœurs soient nourri de bones instructions! Télémaque fut poussés par les vent sur toutes les mers. Les aventure de Télémaque sont récité partout, et le bon Fénélon seras toujours révéré, à cause de la noblesse et de l'élégance de ses récit. Les bons écrivains serons toujours en vénération, et leurs nom immortalisés seront cité dans les siècles les plus reculé. Cicéron fût admiré à

Rome. Son éloquence était accompagné d'un
énergie qui n'est pas donné à toutes les créature.
La république romaine fut sauvé par ses soins
diligent. Il était informée de la conjuration de
Catilina, qui fut tant redouté, par la confidence
d'un des conspirateur. C'en était fait de rome,
s'il n'eut été arrêté dans ses mesure.

THÊME TROISIÈME.

Ces bruits ont été publié par la renommée.
Les vaincus devaient être attaché en croix, Mais
le vainqueur leur pardonnat. Si les enfant étaient
puni pour chaque faute, la jeunesse serait em-
poisonné de mille mals. J'était decidé à faire
preuve de ma valeure, afin que mes paroles ne
fussent pas traités de bravades. Les moutons auraient déjà été tondu, si nous n'eussiont point
été empêché par le mauvais temps. Vous avez vu
comme ils ont été bien nourri. Ces moutons seront vendu dans quelques années. Ils ont été
acheté par mon grand-père. Pour être aimé, il
faut que vous soyez estimé. Les hommes qui ne
sont point estimé, sont plus redoutées qu'aimé
de leurs concitoyens. Vénus était particulière-
ment adoré dans l'île de Chypre. Son culte fut dé-
daignée par le fils d'Ulysse. Celui-ci était aidés des
sage avis de Mentor par qui jusque là il avait été
garantie de tout danger contre les mœures. Je
doute que cet bel action ait été récompensé
comme elle eut dû être récompensé. Toujours la
vertu a été respecté, même par ses ennemi. L'é-
quitée est connu pour la première des vertu. Qui
croirait que tant de beaux trait ont été si long-
temps ignoré?

QUATRIÈME CLASSE.

VERBES NEUTRES.

VERBES A CONJUGUER SUR ARRIVER :

1.º *Rester, entrer, rentrer, tomber, retom-*

ber, passer, repasser, décéder, monter, re-
monter.

2.° *Périr, fleurir, refleurir, verdir, reverdir.*

3.° *Descendre, redescendre.*

RÈGLES DES VERBES NEUTRES.

1.° *Les verbes neutres qui précèdent se conju-*
guent avec l'auxiliaire être *, dans tous les temps*
composés.

2.° *Ils sont susceptibles de genre et de nom-*
bre, comme les verbes passifs, puisqu'ils pren-
nent le même auxiliaire dans ces temps.

THÊME PREMIER.

Mon père a tombé ce matin. Ma sœur a tombé
aussi. Mes frères ont tombé au sort. Mes sœurs
ont tombé de cheval. Mon père a arrivé avant-
hier. Ma mère a arrivé le premier jour de la semaine. Mes cousins ont arrivé de bonne heure.
Mes cousines ont arrivé avant eux. Lorsque ces
dames eurent entré, vous deviez leur offrir des
chaises. Nous n'aurions pas entré, disent-elles,
sans la pluie, parce que nous voulions avoir arrivé ce soir chéz nous. Ces personnes n'ont point
resté long-temps à la maison; elles ont de suite
monté en voiture. Elles ont passé de grand matin, et elles n'ont point entré, mais lorsqu'elles
ont repassé, elles ont entré, pour nous présenter
leurs civilitées. Si vous aviez entré, messieurs,
je vous aurait fait voir de beau livres. Mes oncles
paternels ont décédé, et mes autres parens ont
décédé également. J'ai resté seul de quinze enfant. Vous aviez monté tous en voiture. Pourquoi
donc avez-vous descendu, car vous avez remonté
de suite? Tous mes plus chers amis ont décédé
maintenant. Les roses ont fleuri depuis quelques
jours; nos parterres ont fleuri aussi. Les jardins
du roi ont fleuri depuis long-temps. Quatre mille
hommes de notre armée ont péri. Il y a déjà
quelque temps que nos champs ont reverdi;

quittent les lieu ou nous avons resté depuis le
commencement de l'hiver. Y a-t-il long-temps
que la campagne a reverdi?

THÊME SECOND.

Une pluie horrible a tombé ce matin. La foudre a tombée à deux pas d'ici. Il a tombé de
cheval hier. Nos deux amis ont tombé dans un
précipice. Ma mère et ma tante ont tombé sans
connaissance. Jésus a ressuscité d'entre les morts.
Vous avez arrivé en poste. Mes cousines avaient
arrivé hier avec leur voiture. Lorsque cet homme
aura passé, et qu'il aura entré chez lui, je te
dirai comment il a rentré dans la possession de
ses biens? Parlez, il a passé. Eh bien! il y a
rentré par l'intrigue. Quand il aura décédé on
dira : le traître a décédé. Comment avait-il
monté aux honneurs? Il y avait encore monté
par l'intrigue. Nos plus grands généraux ont péri.
Les tyrans ont descendu dans le cercueil, comme
leurs sujets. Cet arbre avait-il fleuri pendant le
printemps! Ces plantes avaient-elles fleuri aussi?
Les feuilles ont poussé maintenant. Avez-vous
monté? Oui nous avons monté. Lorsque vous
aurez descendu, vous verrez que l'heure a passé.
Si vous eussiez arrivé, vous auriez monté en voiture. Vous savez que ces femmes ont péri. Elles
ont péri de faim et de misère. Ces infortunées
auraient-elles tombé dans cet état, si des personnes charitables eussent arrivé à leur secours?

THÊME TROISIÈME.

Avez-vous déjà entré, messieurs? Non, nous
n'avons pas encore entré. L'heure a arrivé. La
semaine a passé. L'hiver a arrivé. Les pension-
naires ont rentré. Elles n'avaient pas entré il y a
un quart d'heure. Quelques-unes avaient resté.
Quand ont-elles passé? Elles ont passé il n'y a
qu'un instant. L'armée avait arrivé. Les généraux
avaient arrivé. Le prince avait entré dans le camp.

Les princesses y avaient entré avec lui. Cet enfant
a tombé. Cette petite fille a tombé. Ces messieurs
ont tombé. Ces dames ont tombé. D'où ont-ils
tombé ? Ils ont tombé de voiture. Où ont-ils
tombé ? Ils ont tombé à quelques lieues de la ville.
Depuis qu'ils ont remonté, ils sont arrivés comme
ils ont pu, à la ville où ils sont resté. Voyez
comme ces rosiers ont bien fleuri. Avez-vous
descendu pour venir nous voir ? Ces couleures
ont passé. La campagne a reverdi et les bois ont
reverdi aussi maintenant. Cette fleur a passé. Ces
fleurs avaient passé. Lorsque ces fruits auront
passé, d'autres auront arrivé. Ces arbres ont dé-
péri. Vous voyez que ces plantes ont bien verdi.

CINQUIÈME CLASSE.

VERBES RÉFLÉCHIS.

On peut conjuguer sur *se distinguer* la plupart
des verbes actifs et des verbes neutres déjà donnés.

RÈGLE DES VERBES RÉFLÉCHIS.

Les verbes réfléchis prennent les deux genres
et les deux nombres dans les temps composés, de
même que les verbes actifs et les verbes neutres.

THÈME PREMIER.

Les voleurs se sont échappé à travers les taillis.
Ils se sont soustrait aux yeux de ceux qui les
poursuivait. Pourquoi vous êtes-vous enfui ? Nous
nous sommes enfui de peur. Ma sœur s'est mal
conduit à mon égard ; elle s'est mal conduit
aussi à l'égard de mon père. Vous vous êtes ex-
cusé mal à propos, car toutes les personnes qui
se sont réuni chez-vous, se sont douté que vos
excuses étaient supposé. Je me serait cru coupable de ne pas vous le dire. Je me suit soulagé
en vous faisant cet aveu. Ils s'étaient vu dépouillé
de tous leurs biens. Ces jeunes demoiselles se
sont comporté avec tant de bonté envers les mal-

heureux qui se sont adressé à elles, parce qu'elles s'étaient senti touchées de compassion au récit des revers qui se sont accumulé sur leur tête. Les élèves du collège Louis-le-Grand se sont distingué au grand concours Les héros se sont élevé au-dessus du reste des hommes. Cette dame s'est placé la première, et elle s'est vu déplacée; si elle se fût placé aux derniers rangs, elle fut resté à sa place. Ces gens se sont porté à de grands excès, et se sont déshonoré pour leur vie.

THÈME SECOND.

Nos souverains se sont toujours montré généreux. Ces jeune gens se sont blessé en notre présence. Ils s'étaient cru hors de danger trop tôt. Nous nous sommes hâté de venir appeler du secours. Ils se seraient engagé encore plus avant, sans cet accident. Ils se sont trouvé sans connaissance, et n'ont repris les sens qu'après nous nous fûme présenté à leurs yeux. Ces départemens s'étaient soulevé; mais ils se sont rendu à la vue du prince. Ces athlètes se sont battu, et se sont maltraité rudement. Ils se seraient tué, si les cris des spectateurs ne s'étaient pas élevé pour les arrêter. Ma mère s'est souvenu des fautes de mon enfance. Elle s'était fâché un jour contre moi, et s'était emporté jusqu'à me frapper; elle s'en est repenti long-temps. Le joure s'est passé sans pluie! L'hiver s'es rarement passé sans froid. Les méchants qui se sont ligué contre nous, se sont souillé par tant de crimes, que tous les gens de bien se sont soulevé contre eux. Vous ne vous ête point assez ménagé, et vous vous êtes bientôt senti affaiblis. Je me suit délivré du péril avec peine. Les difficultés se sont multipliés, et elles s'étaient tellement accru, que nous nous sommes vu près de succomber.

SIXIÈME CLASSE.

VERBES IMPERSONNELS.

On peut conjuguer sur *il importe* un grand nombre de verbes avec le pronom absolu *il*, et avec le pronom indéfini *on*.

RÈGLE DES VERBES IMPERSONNELS.

Le pronom absolu il, *et le pronom indéfini* on, *indiquent la troisième personne du singulier.*

THÈME PREMIER.

Il arrivent souvent que nous recherchont ce qui peut nous nuire. On désirent les richesses; et si l'on réfléchissaient tant soit peu, on s'apercevraient qu'elles sont plus nuisibles qu'utiles. On pensent communément que le bonheure est dans la richesse, et l'on se trompent grossièrement. On trouvent des gens qui les méprisent cependant, et on admirent Diogène qui ne veut rien demander à Alexandre. On s'imaginent aussi que la fortune ne donne point de soucis. On donneraient un grand fardeau à un pauvre, en lui faisant don d'une grand fortune. On préfèrent une honnête aisance à de grands bien. Il semblait que vous étiez fâché, ma mère; vous étiez triste, et l'on remarquaient que vous soupiriez. On doit pardonner les injures. On gagnent plus en pardonnant l'offenses qu'en la vengeant; on devraient donc toujours pardonner. Mais hélas! on aiment la vengeance, et on se louent d'avoir puni un téméraire, un insolent qu'on devraient dédaigner. On appréhendent de recevoir une injure; et c'es justement là qu'on peut se montrer grand. On blâment souvent les parents de leur trop grande tendresse pour leurs enfant. On pourraient être moins indulgent à leur égard, et ne leur accorder que ce qu'on dois leur concéder. Il importent aux jeunes gens de faire de bonne études.

THÈME SECOND.

Il se trouvent des nouvelles affreuses sur les
journaus. On parlent d'un débordement d'eaux ;
on assurent qu'on as vu des débris d'habitations
au milieu des rivière , et des cadavres poussé par
les flots. On as peine à croire de semblables malheures. On se refusent aux souvenirs des abominations dont on as été témoin , pendant les scènes
d'horreure de noire trop fameuse révolution. On
ne croiras jamais dans les siècles à venir toutes
les cruautées qui ons été exercées contre les
ecclésiastiques. On les exportaient au loin ; on
les faisaient languir dans le fond des plus noir
cachots; on les conduisaient en foule à l'échafaud.
On arrosaient la terre de leur sang , et on s'y
baignaient avec audace. On portaient leurs têtes
sur des piques, et on les promenaient par les
rues, comme en triomphe. On n'étaient même
pas tranquille dans ces jours de licence et de
calamitée, lorsqu'on n'avaient rien à se reprocher:
ce seul témoignage suffisait pour qu'on vous ar-
rachat la vie, ou qu'on vous enlevat à une famille
éploré , sans espoir de jamais la revoir. On ne
traceras jamais ces tableau déchirants sans fré-
mir. On ne pardonneras en aucun temps aux
français d'avoir laissé couler tant de sang inno-
cents. On exagéreraient point en disant que la
France était devenu barbare. Il existent un grand
nombre de mémoires sur ces temps, mais peu
sont véridique.

VERBES PARTICULIERS D'UNE DIFFICULTÉ GRADUÉE.

PREMIÈRE CLASSE.

VERBES EN CER ET EN GER.

RÈGLES. 1.° Les verbes en *cer* adoucissent le
c dans plusieurs temps , c'est-à-dire qu'on y
ajoute une cédille avant *a* et *o*.

2.º Les verbes en *ger* par analogie avec les verbes en *cer* adoucissent le *g* dans tous les mêmes temps, au moyen d'un *e* muet placé devant *a* et *o*.

Conjuguez avant les exercices quelques-uns des verbes suivans :

1.º *Lancer, menacer, tancer, placer, amorcer, forcer, renforcer, annoncer, prononcer, renoncer, s'enfoncer, percer, écorcer, bercer, s'élancer, relancer, s'efforcer, balancer, hercer, etc.*

2.º *Manger, ranger, loger, longer, prolonger, outrager, purger, songer, engager, changer, rédiger, abréger, exiger, corriger, obliger, juger, affliger, ronger, ravager, plonger, partager, charger, forger, alléger, abroger, nager, encourager, protéger, ménager, etc.*

THÈME PREMIER.

Les anciens lançaient des flèche avec une adresse extrême. Nous tancames ces petits marmot qui lançaient des pierres. La victoire balança. Nous bercons les enfans en maillot. Ils berçaient leurs enfans déjà grands. Nous lançâmes un daim dans la forêt. Il s'élança à travers les taillis avec une force étonnante. Nous le relancâmes, et nos chiens s'efforçaient de l'atteindre; mais il s'enfonça plus avant. Nos chevaux hercaient la semaine dernière. Notre armée força l'aile droite des ennemis; elle perça à travers son centre. Les ennemis néanmoins renforçaient cette aile et ne renonçaient point à la victoire. Tout-à-coup on annonça que l'action était terminé à notre avantage. Nous longames la côte pendant une journée. Logons ici, car on y logent les voyageurs à bon compte. Je songais cette nuit que je nageais dans la rivière. N'outrageons jamais personne. Ménageons le temps. Nous allégons notre conscience en corrigant nos défauts. En purgant les malades, on prolongent quelquefois leurs mals; souvent on les abrègent. Nous encouragons ceux qui rédigaient cet ouvrage à le continuer. Les anciens ordonnaient qu'on plongât les parricides dans la mer. On les enfoncait dans un sac de cuir, que l'on chargait d'une pierre.

THÈME SECOND.

Placons-nous ici. En prolongant mes jours, allégez mes mals. On charga un orateure célèbre de haranguer les sénateures, afin qu'ils abrogassent la loi Porcia. Nous mangâmes de bonnes huîtres en cet endroit. Obligons tout le monde. Nous amorcâmes les poissons en jetant des miette de pain. Partagons nos biens avec les pauvres. Protégons les malheureux. Les méchants les menacaient, mais envain. Abrégons notre route, s'il est possible. Ces maréchaux forgaient des essieus. Les rats rongaient ce papier. En renoncant aux vanitées du monde, nous nous ménagons bien des peines. Nous nous placâmes les derniers, afin qu'on ne nous déplacât pas. Le roi lui-même ranga l'armée en bataille. Il encouraga les soldats par l'appât de la gloire et du butin. Il placa les plus braves au centre, et il partaga le reste en deux corps. En prononcant son discours, l'orateur ménaga les deux partis. En vous annoncant la chose de la sorte, je déchargais ma conscience. Nous corrigons cet enfant en le tancant d'importance ; nous le menacons, et on le voient de suite obéir. Je jugais à propos de vous prévenir, afin que vous ne vous engagassiez pas dans cette affaire. Nous nous efforcâmes de vous convaincre, de peur que vous ne changassiez d'avis.

THÈME TROISIÈME.

Nous vous forcons de dire la vérité, en exigant un serment. Nous nous affligons souvent pour rien. N'exigons que ce qui nous es dû. On charga les ennemis avec vigueur, et on forca leurs premières lignes. On dois, en prononcant, s'arrêter sur les voyelles longues : nous prolongons le son de ces lettres. Abrégons le récit de ce qui peut affliger nos semblables. Nous logâmes au quatrième étage dans cette hôtel ; On nous plaçait encore avec honneure. On exiga de nous des passe-ports, et on nous menaçait, si nous balanciont, de nous envoyer loger ailleurs. On se fait des amis en obligant ceux qui nous obligaient les premiers sans intérêt. On gagnent le ciel, en partageant avec l'indigent le fruit de ses travails. Je renonçais à mon entreprise, afin que vous ne vous affligassiez pas plus long-temps. Changons de plan, car celui que nous nous efforçons de suivre es décourageant. Ce reproche outrageant notre famille, nous nous efforçames de le repousser. Nous voyons bien des vices affligant l'humanitée. Un monstre affreux ravageait ces campagnes. Les troupes ennemis se dirigaient sur la France. Elles ravageaient tout le pays par où les généraux les forçaient de marcher. Ils plaçaient leur camp au milieu des plus riche prairies, et affligaient le peuples par l'excès des impôt. Menaçons-les, et songons à nous défendre vigoureusement.

DEUXIÈME CLASSE.

Verbes en IER et en YER.

Règles. 1.° *Les verbes en* ier *et en* yer *gardent l'*i *qui commence la terminaison des deux premières personnes plurielles de l'imparfait de l'indicatif et dès mêmes personnes du présent du subjonctif, quoique le radical se termine par* i *ou* y.

2.° *Les verbes en* yer *changent l'*y *grec en* *dans tous les mots où cette lettre est suivie d'un* e *muet.*

Conjuguez avant les exercices quelques-uns des verbes qui suivent :

1.° *Lier, plier, prier, crier, scier, nier,*

déplier, replier, supplier, décrier, allier, rallier, relier, délier, renier, etc.

2.° *Essayer, balayer, étayer, payer, égayer, déblayer, relayer, rayer, frayer, défrayer, effrayer, monnayer, etc.*

3.° *Employer, cotoyer, foudroyer, nettoyer, déployer, octroyer, tutoyer, aboyer, soudoyer, etc.*

4.° *Appuyer, essuyer, ennuyer, s'appuyer, s'essuyer, s'ennuyer, etc.*

THÈME PREMIER

Pourquoi criez-vous si fort il n'y a qu'un instant? Vous niez un fait incontestable. Nous venont vous trouver, afin que vous suppliez avec nous. Liez bien ces gerbe, afin que nous ne les relions pas. Je délirai toutes celles que vous liez, parce que vous les liez mal. Hier nous relions les livres que vous nous priez de vous faire passer la semaine dernière. Quelles étoffes pliez-vous ce matin? Je vous écris, afin que vous suppliez mon père de venir. Vous oubliez peut-être ma douleure. Nous essayâme, l'autre jour, les armes que nous nettoyons, lorsque vous ête venus. Ces chiens aboyeront, si nous entront. Les factieux soudoyent des troupes; mais nos armées déployeront leur énergie. Je fraye ici un chemin que vous essayez de frayer depuis long-temps. Nous nous ennuyons de vous attendre. Vous sciez vos blés il y a quelques jours. Nous nous tutoyons, lorsque nous étudions au lycée. Nous relayons de poste en poste dans notre dernier voyage. Nous cotoyons les bords de la loire qui nous ont paru très-agréables. Plaise à Dieu que nous nous frayons un chemin vers l'immortalitée ! Pour que vous employez ces mesures, j'irai à votre secours. Je raye les mots mal écrit; Tu essayeras de les mieux écrire. On monnaye très-bien en France.

THÈME SECOND.

Si vous priez Dieu avec ferveure, il ne déployerait pas son bras vengeur sur vos tête. Pourquoi rayez-vous ces mots? C'est parce qu'ils devait être nuls. Vous vous tutoyez autrefois; pourquoi ne vous tutoyeriez vous plus maintenant? Nous vous engageons de nouveau à venir, afin que vous égayez la société. Tu délie peut-être ces paquets, afin que nous les relions. Ne continues pas à les délier; nous les relirons bien sans cela. Ces chiens aboyeraient beaucoup plus fort, si vous vous effrayez. Vous vous appuyez un peu trop sur vos forces, lorsque vous essayez de faire ce que vous voyez faire aux jeunes gens. Lorsque vous suppliez votre maître, il vous exaucait. Si vous décriez votre prochain, on vous décrirait aussi. Si vous m'envoyez ce livre, je vous prirai de me le laisser quelques joures. Si tu paye cet homme, je payerai celui-ci. Nous vous égayerons, afin que vous ne vous ennuyez pas ici. Pourquoi effrayes-tu les passant, libertin? J'essayerai de t'effrayer, à mon toure. Vous balayez, vous essuyez, vous nettoyez partout ce matin; est-ce que vous oubliez que vous avez des valet? Je vous envoye cette pièce de bois, afin que vous étayez le linteau qui plies, et dont le mauvais état effraye tous ceux qui le voyent.

THÉME TROISIÈME.

Vous effrayerez vos amis même, si vous décriez tout le monde. Les princes relayeront ici, et nous déployeront tout le luxe de notre maison. Je vous paye d'avance, afin que vous défrayez mes gens. Vous viendrez avant que nous renvoyons l'affaire au juge. Dieu veut que nous croyons en sa miséricorde, et que nous nous confions en sa bontée. Avant que vous fuyez de ces lieus, nous essayons souvent nos forces. Gardez-vous que je voye pareille chose. Est-ce que vous prévoyez que votre père s'ennuyais seul, et que vous pourvoyez à le rapprocher de vous? Ah! si nous revoyons notre pâtrie, disent les malheureux exilé, quelle joie pour nos cœures attendris ! Je vous mandait que vous ne vous ennuyez plus, et je vous priait de croire que nous ne vous oublions nullement, quoique nous parussiont le faire. Il faut que nous délayons cette matière dans l'eau, avant que nous l'employons. Je veux que vous essuyez vos larmes, et que vous snppliez votre maître avec moi. Plaise à Dieu que je ne voye jamais le même malheure ! Nous nous ennuyerons moins à la campagne qu'à la ville. Vous nous oubliriez, si nous ne vous prions pas de garder quelques souvenirs de nous. Prévenez-moi des danger, afin que je les fuye. Comme nous essayerions en vain de lire dans l'avenir, il faut que nous nous confions dans la providence.

TROISIÈME CLASSE.

Verbes en *eler, eter, ecer, ener, eser, ever, éder, éler, éter,* etc.

Règles. 1.º *Les verbes en* eler, eter, *doublent les lettres* l *et* t *devant un* e *muet.*

2.º *Les verbes en* ecer, ener, eser, ever, *prennent l'accent grave sur le dernier* e *du radical, lorsque l'*e *suivant est muet.*

3.º *Les verbes en* éder, éler, éter, *changent l'accent aigu en grave, lorsque l'*e *suivant est muet.*

Conjuguez avant les exercices quelques-uns des verbes suivants :

1.º *Appeler, rappeler, amonceler, niveler, chanceler, étinceler, renouveler, jeter, rejeter, projeter, cacheter, recacheter, décacheter.* (1)

2.º *Dépecer, mener, amener, emmener, ramener, remener, remmener, promener, peser, repeser, empeser, lever, élever, enlever, relever, soulever.*

3.º *Concéder, recéder, précéder, procéder,*

---

(1) *Acheter* et *racheter* prennent l'accent grave.

*recéler, répéter, aliéner, espérer, léser, altérer,
régler, régner, pénétrer, léguer, reléguer,
alléguer.*

THÈME PREMIER.

On se rapèle toujours avec plaisir ses bonne
actions. Appellez votre ami. Il chancèle dans
l'entreprise qu'il projète. Les ouvriers nivèleront
le terrain que nous avons achetté depuis peu de
jours. Ces enfants jètent des pierres aux oiseaus
qu'ils voyent voler. Cet ouvrage étincèle de mille
beautées. On déblayera les terres qu'on a amoncel-
lées près d'ici. Les pairs rejèteront la loi projettée
par les Députés. Renouvèlerez-vous votre bail,
ou achetterez vous la propriété que vous projet-
tiez récemment d'achetter. Te rappelle-tu, mon
frère, comment s'appèle notre belle sœure. Les
chrétiens ont rachetté deux cents esclave. Tu n'as
pas bien cachetté cette lettre; recachète la mieux.
ou je la décachèterai. Je recachète toutes les
lettres que tu cachètes, parce que tu les cachète
très-mal. Il est pourtant nécessaire de bien ca-
chetter ses lettres ; car on les décachèterait
facilement, sans cet précaution. Je dépece les
lièvres que je tues à la chasse. Je vous menerai
promener demain, messieur. On se promene
volontiers dans la belle saison. Pèsez bien ce que
vous projettez; quand on pese ce qu'on projète on
espére réussir.

THÈME SECOND.

Je pese toutes les marchandises que j'achette,
et je continurai de les pèser de la sorte. J'aime
qu'on empese le linge de corps. Empeserez-vous
mes cols de chemise. On les empesera. Levera-tu
les obstacles qui nous font chanceller. On élevera
de plus grandes difficultés, si nous ne lèvons pas
celles-ci. Nous renouvèlerons le traité que nous
avons achevé. Nous nous promenerons ce soir ;
il faut règler maintenant nos affaire. Charles X

règne depuis cinq ans. Dieu veuille qu'il règne encore long-temps sur la France ! La mémoire de ses bienfaits régnera éternellement. On relègue le ministre qui amenerait la perte de l'État par sa mauvaise administration. Je vous léguerai, mon fils, un bien plus précieux que ceux qu'on lègue de nos joures ; c'est un sage Mentor qui vous rappèlera toujours au devoir. Vous vous pénétrerez bientôt de cette véritée. Vous nous allégueriez envain toutes vos raisons, nous nous rappellons fort bien quels étaient les procédé que vous employez à notre égard. Si tu emmenes mon fils, tu le rameneras. Je vous mene promener, et je vous remenerai chez vous. Je ne sais si cet enfant répétera bien ses leçons, ni s'il se les rappèlera parfaitement. Te rappèles-tu, mon frère, les partie de chasse que nous projettions l'année dernière. Régle bien tes affaires, et nous espérerons le succès de ton entreprise.

THÊME TROISIÈME.

Tu connais la personne qui réglera l'affaire. Nous acheverons notre procès l'année prochaine. On amoncèlera des terres dans ces cavitées, pour niveller le terrain. Nous aliénerons cet héritage. Cet auteur chancèle dans son plan ; son ouvrage étincèle de traits d'esprit. Les dépenses se renouvèlent sans cesse dans une maison nouvel. Je vous menerai au spectacle, et je vous remenerai de là chez vous. Vous ne m'emmenerez pas aujourd'hui, car je pénétre votre dessein. Vous espèrez peut-être me jetter dans le vice que vous appellez bon genre. La passion des spectacles altére les bonnes mœurs ; je me pénétre de cette véritée incontestable. Quand acheverons nous la partie que nous projettons de finir. Nous l'acheverons quand vous m'appèlerez dans votre château. On altérerait cet acte, si je ne réglais pas bien mes affaires. Je vous léguerai un fonds de terre excellent. Cet impertinent léserait la majestée royale. Pourquoi n'empeserait-on pas ces étoffes ? On peut les empeser comme d'autres. Si vous décachettez cette lettre, je la recachète-rai. J'ai achetté de très beaux ouvrages, que je payerais aujourd'hui le double. Je vous achette-rai une bibliothèque, que j'espére avoir à bon compte.

THÈME QUATRIÈME

Nous vous rappèlerons au souvenir des personnes qui doives vous léguer leurs biens. Quand vous aurez rejetté les mauvaises manières qui achevent de vous rendre ridicule, nous espé-rerons vous voir réussir. Votre réputation chan-cèle, et elle chancèlera toujours sans ce change-ment. Les débauches odieuzes de cet homme ont altèré sa santé et sa bourse : On répétera long-temps ses désordres dans le pays où il les renouvellait si souvent. Pourquoi repèsez vous, quoiqu'on pese auparavant sous vos yeux. Qui n'espérerait point en la miséricorde de Dieu, dont les preuves les plus frappante se renouvèlent chaque jour ? Je nivèlerai mon jardin, parce que j'espére qu'il sera mieux. Nous espérerions en-vain en la bontée divine, si nous ne règlions pas nos mœurs. Qui nous ramenerait, si vous nous emmèniez avec vous. Malheur à l'homme qui n'espére point en Dieu. Je vous releverai, si vous chancellez dans votre conduite. On leverait facilement la difficultée, si on alléguait les raisons que vous rappellez. Vous meneriez les choses trop loin, si l'on vous les laissait mener à votre gré. Quant achevera-t-on cet ouvrage. On l'achevera cet semaine. Nous reléguerons les hommes perfide dans des province lointaine, d'où on ne les rappèlera jamais.

RÉCAPITULATION des verbes particuliers.

Nous commançons à voir que nous essayerions

nos forces envain. Parlez, afin que vous justifiez
votre conduite. On vous envoye en pension,
afin que vous étudiez. Vous seriez donc cou-
pables, si vous n'employez pas bien votre temps.
Nous tancons les mauvais écoliers, qui essayent
toujours de fuire l'étude. Vous nous ennuyeriez,
si vous n'étudiez pas. N'outragons jamais personne : Songons à l'honneur, et renoncons au
vice; car lorsque nous nous y enfoncons une fois,
notre esprit s'aliéne en quelque sorte, et il es
bien difficile de se relever. Appellez monsieur
votre frère, avant que nous allions nous promener.
Je ne me promene pas souvent seul dans les lieux
où la nature semblent avoir jetté tout ce qu'il y
as de plus effrayant. On s'effraye involontaire-
ment dans ce séjoure d'horreure. Achevez votre
ouvrage, nous acheveront le nôtre quand nous
pourront. Ce prince fut relègué dans une île
désert. Louis XVIII a règné vingt-neuf ans. Louis
et Carloman règnèrent ensemble. Partagons nos
richesse avec les malheureux qui essayent inutilement d'invoquer la fortune. Nous rédigames cet
ouvrage avec mon frère. Ce revers altércra la
santée de mon ami. Il espèrait venir nous voir,
et nous projettons de le devancer. Avancons
notre voyage, et nous le ramenerons. Nous encouragons nos élèves autant qu'il est possible,
afin qu'ils employent tout leurs moyens. Le
temps achevera d'enlever ces ruines.

THÈME SECOND.

C'est envain que les Athées essayent de prou-
ver qu'il n'y as pas de Dieu. Les beautées infinies
de la nature menent à l'idée de l'Être-Suprême.
Que l'homme considére son existence; qu'il voye
les infirmitées de la vie; qu'il se rappèle son
néant; et alors il avoura qu'il existent un être
supérieure à lui, et de qui il tient tout ce qu'il
posséde. N'excèdez point vos serviteures de fatigues. Nous vous annoncames une fâcheuse

nouvelle la semaine dernière ; nous vous en an-
noncons aujourd'hui une plus fâcheuze encore.
Nous nous promenerons ce soir sur les boulevarts
où sur les quai. Cet homme ne veut point achetter votre cheval ; si vous essayez de le vendre à
la foire, je connait quelqu'un qui l'achetterait.
Les ennemis cèdèrent le champ de bataille aux
vainqueures. Efforcons-nous de devenir sages,
et ménagons les instants de la vie. Que les supplices destiné aux pécheure vous effrayent !
Dieu exauces toujours les prières d'un cœure
droit. Il foudroye quelquefois ces monument
orgueilleux du faste et de la grandeure, et
déploye sa vengeance sur leurs maître superbes.
Ni l'or, ni les grandeure ne nous menent à la
félicitée. Nous espérerions en vain le bonheure
ici bas. Pourquoi donc le placons-nous souvent
dans les choses les plus vils et les plus méprisables?
Nous espèrons de voir Dieu, si nous règnons un
jour dans l'éternitée.

THÊME TROISIÈME.

Nous nous plongons souvent de nous-même
dans l'abîme du vice. Les ténèbres de l'erreure
nous effrayent, sans nous ramèner dans le bon
chemin. Songons souvent à notre fin dernière.
Ne nous affligons pas des malheures que Dieu
nous envoye. Les juges employent d'autres
moyens que ceux que nous employons hier, pour
se pénétrer de la justice de l'accusateure. Ces
chiens aboyent contre nous depuis quelque temps.
Lorsque nous essayons de les effrayer, ils s'élan-
caient comme pour nous dépècer. Nous acheverons bientôt cette affaire. On engaga le combat
à forces égals. La victoire balancait, lorsqu'une
légion valeureuze s'élanca sur l'ennemi et enfonca
l'aile gauche. Nous prions dans le temple, et
nous supplions l'Éternel de rendre nos soldat
victorieux. Mon frère, pourquoi lie-tu si mal les
paquets? Je les relies tous, parce qu'ils se dé-

liraient en route. Cachète aussi mieux les lettres ;
car elles se décachèteraient, si je n'avait pas la
précaution de les recachetter. Prévoyez-vous le
malheur qui vient d'arriver ? Venez, afin que je
pourvoye à notre sûretée. Si nous prévoyons les
accidens, nous employerions les moyens propres
à nous en garantir. Le feu étincèle sur la montagne voisin. Nous renouvèlerons le bail avec
notre propriétaire. Les ennemis ravagaient la
France, et se partagaient ses riches dépouilles.
Nous nous appuyons sur la force de nos armes,
et elles ont chancellé. Nous essuyons alors les
plus grand revers ; mais nous essayons de nous
relèver, et de réparer nos pertes en vengant
l'honneur du nom Français.

SUPPLÉMENT AUX CONJUGAISONS.

THÊME PREMIER.

Les troupes ont sorti des quartier d'hiver.
Lorsqu'elles eurent parti pour l'expedition derniere, les généraus se sont repenti de ce qu'elles
avaient sorti trop tôt. Si nous ne nous étions pas
servi du remède que ces médecins nous avait
indiqué, nous nous serions long-temps ressenti
de notre blessure. Nous avont sorti avant le
temps qu'il nous avait prescrit, et nous nous en
sommes bien repenti. Aussi n'avons-nous point
ressorti depuis. Nos amies sont parti hier de
Paris, et elles n'ont point encore arrivé. Ne
croyez point pour cela qu'elles se soient ressenti
de la chûte qu'elles ons faite. Déjà nous avons
parti pour aller au-devant d'elles, et nous ne les
avont pas vues ; bientôt on vous diras que nous
avons reparti. Nos tantes se sont senti pendant
près de six mois d'une douleure rhumatismal. Si
elles s'étaient servi du même expédient que nous,
elles ne s'en seraient pas ressenti si long-temps.
Pourquoi avez-vous ressorti tout-à-l'heure,
messieurs, puisque vous aviez sorti il n'y as
qu'un instant ? Vous vous êtes démenti dans vos

réponses, et bientôt vous vous êtes repenti de votre fourberie. Les mêmes facilités n'ont point été départi à tous les enfans. Ces gens se sont desservi par leur indiscrétion. Pourquoi vous avez-vous démenti, après nous avoir si bien assuré cet nouvelle.

THÈME SECOND.

Nos soldat se sont couvert de gloire dans la dernière bataille qui a été livré contre les Espagnols. Les lignes des ennemis se sont ouvert après de longue résistances, et ils ons pénétré dans leur centre. La terre s'est entr'ouvert sous les pas d'un voyageure qui a été englouti à nos yeux. Les cieux se sont couvert d'épais ténèbres. Nous nous sommes découvert tels que nous sommes. Cette porte avait pourtant été bien fermé, je ne sait comment elle s'est rouvert. Pourquoi ces enfants ne se sont-ils pas découvert à leur père? Ils ne se seraient pas couvert d'une si grande infamie, et ils aurait peut-être pu obtenir que leur faute fût à demi couvert. Ces roches avaient été couverts; comment se sont-elles donc découvert? Ces terres se sont recouvert peu à peu d'un limon nuisible aux grain. Ces hommes s'étaient couvert du masque de la plus noir hypocrisie; et, sous l'apparence du bien, ils ons fait le mal. Par là ils se sont couvert de déshonneure. Les insultes donné aux gens de bien par les méchant, ont toujours été souffert avec une patience admirable. Ces mines ont été découvert il y a quelques années, par des ouvriers qui travaillait dans une carrière.

THÈME TROISIÈME.

Les pluies qui ont survenu, nous ons empêchés de partir. Les chasseurs ont revenu mouillé et bien fatigué. Combien de jeunes gens auraient devenu libertins, sans les sages conseils d'un maître prudent et éclairé. Les armées avaient parvenu jusque dans la Russie, lorsque des froid excessifs les forcères de rentrer dans le pays d'où ils avaient parti. Ces hommes ayant devenu furieux, des arbitres ont intervenu. Dès que les deux armées en eurent venu aux mains, on vit arriver de toutes parts des corps de troupes qui avaient survenu pour donner du renfort aux ennemi. Pourquoi avez-vous redevenu paresseuse, ma fille, puisque déjà vous aviez venu à bout de vaincre des difficultées assez grandes? Toutes les personnes qui ont intervenu pendant que tu lisait, ont devenu comme immobiles, au récit des malheurs qui ont survenu à notre famille. Lorsque les ennemis eurent parvenu jusque dans l'intérieure de la France, les généraux regrettèrent plus d'une fois d'y avoir venu, parce que déjà leurs soldats avaient devenu tout autres. Lorsque nous eûmes parvenu dans l'intérieur de la forêt, nous entendîmes les hurlemens des bêtes féroces. Ces propos ont été tenu par des écoliers de votre classe, qui ont venu jouer avec mon fils.

THÈME QUATRIÈME.

Les historiens se sont plu à faire l'éloge des guerriers. Les conquérans, pour la plupart, se sont plu à ravager la terre. Les deux jeunes personnes que nous avont vues se sont déplu à un tel point, qu'une dispute a survenu entr'elles. Nous avons intervenu pour les calmer; mais elles se sont complu l'une et l'autre dans leur aversion. Si nous n'avions point venu, je crois qu'elles se seraient plu à se dire des injures grossières. Elles ne se sont tu qu'avec peine; et elles auraient revenu à la charge, si nous les avions quittées. Les ministres ont parvenu à leur but; ils se sont toujours plu à gouverner sagement. Nous avont vu des personnes qui s'étaient toujours déplu à vivre ensemble, sans avoir jamais venu à des querelles sérieuzes. Mes frères ons connu des écoliers qui s'étaient complu à faire toujours le mal ; et qui, par leur mauvaises mœurs, ont venu à bout de dissiper en peu de temps les biens que leurs pères avaient parvenu à amasser par leur travail soutenue. Ces livres n'ont point été lu par vos condisciples. Deux généraux furent élu, le mois dernier, en présence de toute l'armée. A cet nouvelle, toute les personnes qui était présent se sont tu, et elles se regardait l'une l'autre.

THÈME CINQUIÈME.

Ces femmes se sont repu de chimères. Les troupeaux se seront repu dans les gras pâturages de la prairie que nous avont achetée il y a peu de joures. Nos besoins se sont accru en même temps que nos biens. Ma mère s'est souvenu du discours de deux étrangers qui s'étaient reconnu chez elle. Ces jeunes demoiselles qui s'étaient repu de vaines pensées, se sont plu à les nourrir dans leur cœure. Pourquoi vous êtes-vous repu de la lecture des romans qui gâtes l'esprit ? Les fleuves se sont accru subitement, et ons inondé les campagnes. Quelle as été votre joie, lorsque vous vous êtes reconnu avec ce vieil ami que vous n'aviez pas vu depuis tant d'année ! Nous avont reconnu les erreurs dont nous nous étions repu long-temps. Nos troupeaux se seraient accru davantage, s'ils s'étaient repu dans de meilleurs vallées. Je ne sais comment ces deux hommes ne se sont point reconnu, car ils ont été lié intimement dans leur jeunesse. La France s'est long-temps ressenti des malheurs qui se sont accru dans son sein. La quatrième partie du monde n'a point été connu des anciens. Les héros qui se sont plu à faire du bien à leurs semblable, sont digne de notre estime et de notre admiration. Méprisons les princes qui se sont plu à tyranniser leurs sujets, et qui ne sont connu que par leurs forfait.

THÈME SIXIÈME.

Les ennemis de la France se sont nuis à eux-mêmes, en attaquant injustement nos soldats qui était sans défense. Les enfants se sont souvent nuis, lorsqu'ils ne se sont point rendu aux conseils de leurs parents. Nos amis sont, il est vrai, venu à bout de leurs desseins; mais je craint beaucoup pour eux qu'ils ne se soient nuis, en admettant dans leur sociétée un homme dont la réputation s'est accru par toutes sortes de crimes caché aux yeux des autres. De tout temps les hommes se sont reconnu sous la dépendance d'un être supérieure à eux, à qui ils doive tout ce qu'ils ons; et ils se seraient nuis, s'ils avait pensé autrement. Les écolières de cette pension s'é-taient nuies, en tenant des discours frivoles qui était le fruit des romans qu'elles avait lus; mais elles ons réparé leur honneure, en lisant de meilleures livres. Ces intrigues ont été bien conduit. Comptez ces sommes déduit, et vous trouverez ce que vous dite avoir payé. Ces jeunes personnes ont été séduit par l'appât trompeur des richesses et de la gloire. De tout temps ces erreurs se sont reproduit.

THÈME SEPTIÈME.

Les lecteurs se sont souvent plaint du peu de fidélitée des auteurs. Pourquoi donc vous seriez-vous contraint jusqu'au point où en sont venu les autres, de dire ce que vous ne pensâte jamais? Vous vous étiez restreint d'abord à garder le silence sur une pareil matière; mais vous ne vous êtes point tu assez long-temps. Nous nous sommes donc joint à vous, mes amis, afin que nous parussiont partager aux yeux du public votre façon de penser, quoique nous nous fussions tu avec le plus grand soin. Vos cousines se sont plaint du mauvais temps qu'elles ons eu dans leur dernier voyage. Combien se seraient-elles

plaint, si elles se fussent couvert de boue comme
nous en avont été couvert. Mais nous nous
sommes contraint, quoique nous fussions si mal
servi par le temps; et loin de nous être répandu
en plaintes, nous nous sommes plu à ne rien
dire. Lorsque les troupes ennemis se seront
joint, notre camp sera attaquée de vive force.
Ces lois ont été enfreint par un grand nombre
de citoyens. Cette figure était empreint sur la
cire. Les notes que vous voyez ont été joint à
celles de l'auteure. Les bergers de notre village
se sont ceint de guirlande, comme aux plus grand
jours de fête. L'incendie s'est éteinte avant que
nous arrivassiont.

VERBES IRRÉGULIERS.

PREMIÈRE CONJUGAISON.

THÊME PREMIER.

Mon ami envoyera bientôt son fils au collége,
afin qu'il y étudies les belles-lettres; et comme
il iras souvent le voir, j'irez avec lui : si je
voit que son fils fassent des progrès, j'envoyerai
aussi le mien dans ce collége. Partez, de peur
qu'on n'envoye vous chercher. Mon fils, je
souhaite que tu aille toujours croissant en sagesse
et en âge. Je me suis en allé de chez vous chez
nous. Nous envoyerions bientôt chercher un
médecin, si nous pensiont que sa maladie empirat.
Vas à la promenade avec les autres, il fait beau.
Le domestique que vous disiez que vous en-
voyeriez n'est pas venue me trouver, pour me
donner des nouvelles de votre santée; cela est
cause que j'irez chez vous, ou du moins que
j'envoyerai un domestique pour me rendre tranquilles sur votre situations. Ce fabricant envoye
chaque semaine à Paris ses drap et ses autres
étoffe. Nous iront bientôt habiter la campagne;
et si vous le trouvez bon, nous vous envoyerons
souvent, et avec plaisir, de nos meilleures fruits.

Vous vous seriez peut-être en allé, si vous aviez cru que je vinsse. Lorsque ces voyageurs seront arrivé en Amérique, il nous envoyeront sans doute la description de cet nouvel partie du globe. Nous nous sommes en allé avec peine. Mon ami, envoye-moi ton valet; si tu ne me l'envoyes pas, il faudra que je t'envoye le mien.

THÊME SECOND.

Nous envoiions quelqu'un vous chercher, lorsque votre domestique es venu nous dire de votre part que vous ne viendriez pas. A quelle heure s'est-il en allé? En russie, on envoye les criminels en exil dans la siberie. Pour quelle raison vos frères se sont-ils en allés si-tôt? Si vous ne faite pas nettoyer ce lavier, il pura toujours. Vas ouvrir la porte, on frappes. Si vous envoiiez quelqu'un pour conduire cet dame, vous lui renderiez un grand service. Pourquoi ne vous êtes vous point en allé? A Sparte on envoyais de bonne heure les enfans aux écoles publics; cet exemple dois nous avertir que nous y envoiions les nôtres. Ce fumier purait beaucoup; si on le laissait trop long-temps dans ce lieu. Il désire que vous envoiiez cette malle à Rouen; si vous ne l'envoiiez pas, il résultrait une grande perte de votre négligence; car cette malle renfermes des objets de grande importance. Ces personnes se sont-elles en allé tout de suite? Si l'on ne prenait pas tant de soin de ces enfans, il y a déjà long-temps qu'ils se seraient en allé. Vas donc au-devant de ton père. Si nous n'envoiions pas les marchandises que l'on nous as demandées, nous courriont risque d'être réprimandé. Lorsque vous m'en envoiiez, j'en recevait d'autres qui n'étaient pas aussi belle que les vôtre. Mon fils, vas à l'école si tu veux devenir savants. Ces égoûts puraient beaucoup, si l'on n'avaient pas soin de les vider de temps en temps.

SECONDE CONJUGAISON.

THÊME PREMIER.

Cet enfant courût annoncer une heureuze nouvelle à sa mère. Les ennemis assaillissaient nos murs. Quant j'acquererais toute la science que possèdent ensemble tous les grand hommes, dis certain auteure, je me jugerait plus malheureux qu'un ignorant, si mon esprit n'étais point libre de dire tout ce qu'il pensent. Les troupes assailliront la ville. Prend garde, ma fille; car les roses que tu cueilliras pourront te causer de vives douleures. Tous les caprices que nous avont dans notre enfance acquèrent plus tard sur nous un empire telle, que nous avont beaucoup de peine pour les détruire. Je courerais plus fort, si je n'étais point indisposé. L'habit dont tu t'est vêti est trop chaud pour la saison, il te faudra l'ôter. Fuie de ce lieu, fuie de notre présence, enfant rebelle et vicieux. L'hypocrisie est un masque dont se revêts l'homme méchant et fourbe. Il est en danger, coure à son secours. L'honnête homme qui as toujours pratiqué le bien et fuit le mal, meure content. Les soldats de la grande armée de 1812, abattu par la fatigue et la faim, défaillires pour la plupart dans la route. L'homme qui sais dompter ses passions s'acquère aux yeux de Dieu un mérite infinie. Est-il un scélérat qui meures sans remords? Nous défaillîme en chemin, mais vous ne défaillîte pas comme nous.

THÊME SECOND.

Mon ami es si vif que son sang boud toujours dans ses veine. Cette eau boud trop vîte. Ce potage n'est pas agréable; c'est sans doute parce qu'il n'a pas assez bouillu. Que les enfants fuyent les hommes corrompu. Je courerais volontiers, disait un paralytique, si mes jambes ne refusait point de me porter. Ceux qui assaillissent les

autres d'injures, ressembles aux chiens qui ne
peuvent mordre et qui se venges en aboyant.
Je vient dans ce moment, de peur que vous ne
vous enfuiiez comme hier. Pour être considéré
dans ce siècle, il faudrai être revêtit de tous les
dehors de la vertu; c'est pour cet raison que
les personnes véritablement vertueuzes coures-le
danger de passer pour hypocrites. Continués à
nous exalter, afin que nous bouillons d'ardeur.
Faite en sorte que cette eau bouilles pendant
deux heures entière. Venez avec nous, dans la
crainte que nous ne fuiions. Sachez que tels
vous aurés vécu, tels aussi vous mourerez.
Tu défaillit il y a une heure. C'est au commencement du printemps que les arbres se revê-
tissent de feuilles. Je l'ai vu défaillire. Rien ne
sert de courire, dit un auteur, il faut que l'on
partent à point. Ces pierres saillissent trop. Celui
qui ne fuie point le danger s'exposent à y périr.
Les bord de ce toit ne doive pas tant saillire. Il
faut que ceci saillisse davantage. L'architecte
eut dû faire en sorte que ce chapiteau ne saillit
point autant qu'il saillit. Quand mourerons-nous?
Cela nous fuie.

THÊME TROISIÈME.

En se montrant bienfaisant envers les malheureux, on s'acquère l'estime de ses semblable.
J'acquererai peut-être de grands biens. Lorsqu'un lâche se vois assaillire par la multitude,
et qu'il ne lui est pas possible de fuire, il jète
bas les armes et demande la vie en pleurant.
Nous avons acquit cet maison l'année dernière.
Quand reconnaît-on les lâches? lorsquils sont
mort; on vois leur dos criblé de blessures. Nous
acquiérons chaque jour de l'âge. Lorsqu'un soldat pars pour la guerre, il doit être revêti d'un
courage égal à celui qu'il montrerait s'il lui fallais défendre ses joures contre un assassin. Vous
acquereriez en vain la science, si vous n'acquer-

riez point la vertu. Ceux qui assaillissent, sont
toujours plus exposé que ceux qui sont assailli.
Avez-vous vu comme ils courraient après-vous ?
Cette femme a cueillé beaucoup de fruits; nous
irons aussi en cueillire. On nous as dit que nous
cueillons ces cerises. L'immortalité ne s'acquère
que par les actions les plus éclatante. Je défend
que vous cueillez ces fleures. Je désirerait que
vous courussiés à la mort pour la défense de
votre patrie, avec autant de joie que vous coure-
riez à un triomphe. Vous acquiérez de l'estime
en agissant ainsi. Si l'on ne cours aucun danger,
il ne faut point espérer d'acquérir beaucoup de
gloire. Il s'en faux beaucoup que vous soyés un
Cicéron. Les impies n'acquérent que des remord
de conscience.

THÊME QUATRIÈME.

Quand le gouverneur arriva, les ennemis assaillissaient les habitans d'une grêle de traits;
mais ceux-ci se voyaut assailli de toutes parts,
rentrères dans leurs maisons. Prévenez-le qu'il
se gardes bien de sortire, car son ennemi l'as-
saillerait de coups. Je courerai le plus tôt possible
lui porter cet agréable nouvelle. Si l'on ne vous
accompagnais, vous moureriez de peur. La plus
part des hommes ne coureraient pas les mers,
s'ils en connaissais tous les écueils. Cette eau
boud trop fort, il faux l'ôter du feu. Son sang
boullissait dans ses veines, tant il étais exaspéré.
Donnez-nous du pain, de peur que nous ne
défaillons. Si vous ôtez le bois, quand le pot-au-
feu bourra-t-il ? Vas, mon fils, te promener dans
les champs, tu cueilliras des fleurs; quand tu
en aura cueillé un assez beau bouquet, tu l'ap-
portera à ta sœure, et tu lui souhaitera la fête.
Comme vous fuiiez, lorsque vous vous êtes vus
poursuivi par cette animal féroce : vous avez
pris le meilleure parti; car, en pareil rencontre,
le plus sûr est de fuire. Si nous nous livrions à

des excès, nous mourerions bientôt. Plus vous
vous adonnrez à l'étude, plus vous acquererez
de science; et au contraire, plus vous perderez
votre temps, plus aussi vous courerez risque de
rester ignorant. J'acquere chaque jour de noū-
velles connaissances, et je bouds d'en acqué-
rire encore plus. Ces nuages fuyent. On nous
garrotta, dans la crainte que nous ne fuiions.

THÊME CINQUIÈME.

Si vous lui annoncés que son fils est mort,
assurément il mourera sur le champ, ou du
moins la douleur l'accableras si fortement, qu'il
courera risque d'en mourir de jour à autre.
L'habit dont je me vêtissais l'hiver dernier n'était
pas assez chaud, j'en revêterai un cet année qui
le seras davantage. Les paresseux s'acquèrent
des reproches. Acquers des éloges. J'ai acquit
une grande expérience dans cet art; et, si je
le pratique toujours, comme je le penses, j'en
acquererai une plus grande encore. Je ne croit
pas que vous acquiériez jamais des talents extraordinaires. L'envie as toujours assailli, assailles
et assaillera toujours l'homme de bien. Nous nous
vêtissons toujours modestement; vêtissez-vous de
même. Nous lisons dans l'Évangile que les personnes qui suivais J. C., quoique épuisé par la
fatigue, ne défaillissaient point dans la route. Les
solitaires acquérirent beaucoup de mérite aux
yeux de Dieu. Ayez soin que le café ait bien
bouillu. Déjà il commence à bouillire: aussi il
ne bourra plus long-temps. Saisit cet oiseau, de
peur qu'il ne s'enfuye. Cet enfant tressaillissait
de joie de se voir le premier. Je tressaillerai
d'allégresse, lorsque le temps des vacances sera
arrivé. Nous tressaillissons bien souvent sans sujet.
A ces mots, vous l'assaillîte d'accolade redou-
blé. Que voudriez-vous qu'il fît? Qu'il mourut.
Ces hommes faillissaient tomber à chaque instant.

Cette tablette saillit beaucoup. Ces corniches ne saillissent pas autant qu'elles devraient saillire.

TROISIÈME CONJUGAISON.

THÊME PREMIER.

Nous verront bientôt comment vous saurai vos leçons. Ces gens ne voyent pas les choses tel qu'elles sont. Mon ami, si vous vous comportez ainsi, vous déchoirez beaucoup dans mon estime. Il as plu beaucoup la semaine dernière, et je croit qu'il pleuvera encore long-temps. Je ne peut dissimuler davantage, et vous saurai bientôt ce qui vous es réservé. Cet homme se prévaux à tort du succès que les autres ont obtenu. Il fauderait que vous vinssiez avec nous. Si je savait que vous dussiez venir, je vous attenderaïs. Il fut assaillit par le nombre, et une grêle de coups plût sur son corps, de sorte qu'il ne pouvait se mouvoir. Je ne penses pas qu'il pleuvent ce soir. Il ne siet pas à un ignorant d'affecter un air de savant ; il ne siet pas non plus au savant de mépriser les autres, en se prévalant de ce qu'il sais. Pourquoi ne vous asseoyez-vous pas ? Dans toute espèce de jeu, le prix échoit au plus adroit. Je ne m'asseoirai pas ici. Souvent l'on crois savoir beaucoup, et l'on ne sais rien ; c'est ordinairement le propre de ces petit esprits qui veules passer pour des hommes qui save beaucoup, et qui ne sont cependant rien moins que des savant. Je ne vouderais jamais mentir en riant, dans la crainte qu'on ne put me supposer capable de mentire sérieusement.

THÊME SECOND.

Cet femme se prévaux de la réussite de son procès. Tu te prévant de ta mémoire. Les hommes ont vu, voyent et verrons toujours le juste méprisé et le méchant estimé ici-bas. Celui qui ne travaille pas ne vaux pas la nourriture qu'il prends. Saurrez-vous vos leçons ? La pru-

dence, la justice, la modération, sont trois
qualités qui sied à un bon magistrat. Le condamné vouderait que l'on sursit toujours l'heure
de son supplice, afin qu'il puisses jouir d'une vie
qu'il ne quittent qu'à regret. L'écolier qui ne veux
point apprendre pendant sa jeunesse, par cela
même qu'il ne sais rien, ne peux et ne poura
jamais occuper un emploi honorable dans la
sociétée. Cette pièce ne vaudera rien. Les beaux
discours émouvent ceux qui les entende; mais
pour toucher ainsi les auditeures, il faux que
l'orateur sachent se plier aux circonstances.
Quel homme assez robuste mouvera ce marbre?
Il fauderait que nous vissiont nos propres défauts
aussi bien que nous voyont ceux des autres.
Messieurs, asseoyez-vous, je vous prie; pour
moi, je m'asseoirai tout-à-l'heure. Nous ne nous
prévauderons jamais de notre fortune. Je veus
faire le bien, et fuire le mal. Tu veus imiter les
grands hommes; mais tu ne pouras de long-temps
y parvenire.

THÈME TROISIÈME.

Quans on voyages, on se pourvoid de tout ce
dont on crois avoir besoin. Vous ne m'ouverez
pas cette pierre. Cette affaire ne vaux pas la
peine qu'on la poursuives. Tu ne pouras jamais
te tirer de là. Ne vous embarassez de rien, je
vous pourverrai à tout, et vous verrez que tout
iras à souhait. Mon fils, je ne veut pas que tu te
prévailles de ton origine; tu est homme, et il ne
siet pas à un homme de mépriser son semblables.
Je suit sûr que vous ne m'ouveriez pas cette
malle. Vous ne voiiez pas où votre imprudence
vous conduirait. Ils ne saves pas prendre leurs
précautions, et vous verrai à quels dangers ils se
sont exposé. Si vous ne venez pas, il faudra bien
que l'on vous contraignent. A Dieu ne plaises
que je veuilles vous causer du désagrément; au
contraire, je voudrait tout faire pour vous être

agréable. Que l'homme saches qu'il n'est pas
immortel, et que tôt ou tard il faux qu'il paye le
tribut à la nature. Ne vous meuvez pas. Je ne
croit pas qu'il faillent vous prévenir de l'accident
fâcheux qui nous eût arrivé, si nous ne nous eussions
pas tenus sur nos gardes. Le moment de son
exécution as été sursit de quelques instants.
Lorsque nous meuvons la tête, nous risquont d'y
déranger quelque chose. Je craignais qu'il ne
plut. Il plût hier, mais il ne pleuvera pas aujour-
d'hui. Qui aurait pensé qu'il pleuverait ainsi?

THÈME QUATRIÈME.

Il faudera que j'aille voire la ville de Paris;
mais pour y aller, je choisirez un jour où je
préverrai qu'il ne pleuvera point. Les hommes
se voyent rarement tel qu'ils sont. Cet homme
était si fort que seul il meuvait une poutre
énorme. Voie, pauvre enfant, voie ton erreur.
Vous ne saurriez croire combien j'éprouvai de
plaisir de ce que je put vous voir hier; s'il ne pleux
pas demain, je pourai bien me procurer le même
plaisir. C'est afin que vous voiiez à porter un
remède au mal, que je vous en avertit. Ce collége a beaucoup perdu de son ancienne renommée;
et si cela continue, il dechèrera tout-à-fait. Je
doute que vous meuviez ce fardeau. Je ne croyait
pas qu'il fallut vous avertir de vos devoirs. Vous
ne vous doutiez pas que nous voiions vos défauts.
Les Troyens rires beaucoup quand ils vires le
vieux Mnesthée choire dans la mer, se relever
et pouvoir à peine se mouvoire, tant ses habit
étaient appesanti par l'eau. Otez-vous d'ici,
pour que je voye plus aisément ce qui se passent.
Si l'on savais ce que pese une couronne, l'on
n'ambitionneraient pas tant le sort des rois.
L'empire du ciel échût en partage à Jupiter,
celui de la mer échût à Neptune, et celui des
enfers échût à Pluton. Je ne croit pas que tu
voyes bien la chose. Savant que vous devez faire

le voyage de Paris, je vous pries de donner de
nos nouvelle à mon oncle. Mon frère né vît pas
toute mon inquiétude sur sa santé; je désire qu'il
puisses être en état de m'écrire bientôt.

THÈME CINQUIÈME.

Il faut prévoire les choses de loin, avant de
les entreprendre; c'est souvent parce que l'on ne
prévois pas le danger qu'on y tombent. Il y avais
long-temps que nous prévoiions que vous perde-
riez votre procès; et tous ceux qui connaissent
votre avocat le prévoyait aussi, car c'est un
homme peu habile dans sa profession. Vous vou-
derez bien me faire savoire le jour de votre
arrivée, afin qu'étant prévenu je puisses prendre
mes précautions. Il ne siet pas et il ne sierra
jamais à qui que ce soit d'affecter les talents
qu'il n'a pas. Si vous prévoiiez que nous voulus-
siont entendre votre chanson, je voie bien que
vous nous la chantriez tout de suite. Si nous
prévoiions que la chose arrivat ainsi, nous n'en-
treprenderions pas cet affaire. Vous vous prévau-
derez en vain de votre autoritée; vous ne savés
pas vous en servire, et elle seras cause de votre
perte. Veuilliez faire plus d'attention. Je vouderais que tu visse et que tout les hommes vissés
aussi les choses dans la vie comme on les voie à
la mort. À ces mots, il s'asseoit, et savant qu'il
allais parler à un honnête homme, il me racontes
son histoire. Jamais le méchant ne prévauderait
sur le juste, si les hommes pensait toujours
sainement. Veulliez donner des siéges, pour que
ces messieurs s'asseoient. Croyez-vous que cet
homme voye bien son état, ou du moins que ses
enfants le voyent pour lui.

QUATRIÈME CONJUGAISON.

THÈME PREMIER.

Nous croiions que vous étiez parti, sans quoi
nous n'auriont point prit la résolution d'aller

promener, au lieu d'aller vous voire. Comme je vous batterais, si je n'était point en colère. Les juges absolvait ce criminel de la peine prononcé contre lui, lorsqu'il s'élevat dans l'assemblée un cri universel d'applaudissements. Nous rencontrames des hommes qui se bataient, mais ils se battait à mort ; et lorsqu'ils se fures batus quelque temps, nous les vimes tomber l'un et l'autre. Nous crumes d'abord qu'ils était mort tout deux, mais bientôt nous aperçûme un combattant qui se relevait en maudissant son adversaire qu'il avais tué. Cet question parais très-épineuze ; je ne croie pas qu'aucun juge la résoudera facilement. Dans l'ancienne loi des juifs les enfants était circoncit au bout de sept ou huit jour ; cet pratique de circoncir est encore en usage chez les Arabes, qui circonsises leurs enfants à l'âge de treize ans. Cet enfant qui ne suis point l'exemple de son respectable père, se perdera infailliblement. Par l'Ecriture, nous apprenont que J. C. croissais en sagesse et en âge ; il serait à souhaiter que tous les enfants crusses ainsi de nos jours. Je ne m'était pas imaginé que ces hommes aurait cru cela de moi. Ne disez pas : je me convertirez demain ; car ce lendemain n'es pas à vous. Il croie que cet arbre ne croît pas depuis plusieurs années ; mais il se trompent. Je couderai volontiers quelque instants, car je suit fatigué d'avoir écris ; hier je cousit de même, pour me délasser l'esprit, et je m'en trouvait fort bien.

THÊME SECOND.

Le vin que nous boirrons cette année ne sera pas aussi bon que celui que nous bumes l'an dernier. Boit à longs traits la coupe du plaisir, de crainte qu'elle ne t'échappes. Ces œufs sont avancé, les petits éclorront bientôt ; cependant il ne faux pas qu'ils éclôses avant le terme, car on as remarqué que les petits qui écloses ainsi, ne viennes pas aussi beaux que ceux qui éclôsent à

terme. Voici des groseilles bien confises : quel
est le confiseur qui confis si bien ? Enseignez-moi
sa demeures, afin que je prène la peine d'aller
le prier de venir me confir quelques pots ; je
suis sûr qu'il les confirra à merveille. Je ne voulait pas qu'il but tant d'eau. L'histoire nous
apprend que Solon contrefit le fou, pour faire
adopter une loi par ses concitoyen. Cet enfant
bût hier un verre de vinaigre. Il ne faux pas
toujours que l'on prène les choses au pied de la
lettre ; car si vous les prennez ainsi, vous vous
trouverai souvent offensés, ou de ce que vous
entenderez, ou de ce que vous lirai. En même
temps, ils prires une étrange résolution ; ils
résolures de s'embarquer, et de tenter la fortune
sur mer. Je vouderais que vous missiés plus de
soin et d'exactitude dans tout ce que vous faisez.
On ne vous absoudera point, et l'on ne vous absou-
derait même pas dans un cas moins grave, si vous
ne prometiez de changer d'opinion. Mon frère,
écrit-moi plus souvent, car je m'ennuye.

THÈME TROISIÈME.

Le bled que ce moulin mout, ne donne pas
une farine blanche. Celui que je fait construire
en moudera de beaucoup plus blanche. Démo-
crite avait prit le parti de rire de tout les travers
des hommes ; Héraclite étais bien loin de suivre
son exemple, car il pleurait sans cesse sur le
même sujet. Ne vous contrefaisez jamais, c'est
le moyen de faire voire que vous n'ête point
hypocrite, car ceux qui se contrefons ne sont que
hommes fourbes. Les gens ont un grand désir
que le public les prène pour des savants et les
croye ce qu'ils ne sont pas. On a sans doute
voulu clore cet porte ; mais elle n'est pas clos ;
on ne la clorera point, tant qu'on ne rompera
point ce caillou qui l'empêches de clore. Ne
faisez point aux autres ce que vous ne vouderiez
pas que l'on vous fit à vous mêmes. Ne disez pas

aux autres ce que vous ne vouderiez pas qu'on vous dit. Quant vous viveriez cent ans et plus, si vons ête né méchants, et si vous n'avez pas fais en sorte de détruire eu vous ce germe de méchancelée étant jeune, vous ne le vainquerez pas. Vous ne vous soustrairai jamais assez pour échapper à l'œil de Dieu. Nous écrivimes la semaine passé à notre père; il nous fit réponse cet semaine. Il veux que nous lui écriviont plus souvent, et nous le feront avec plaisir.

THÊME QUATRIÈME.

Nous vouderions que ces enfants misses plus de bonne volontée à remplir leur devoir, et qu'ils satisfisses mieux leurs maîtres. Nous suivîme une route longue et bien difficile. J'ai résolut de rire de tout ce que l'on dirra ou de ce que l'on écrira sur mes ouvrages, disait un poète, pourvu que je vives dans la postésité; cette gloire seul suffis à mes désirs. Ne permettez pas que ces enfans se batent ainsi; ils pouraient se faire mal. Nous feront toujours tout nos efforts pour que nos enfants suives la bonne voie. Nous naissont tous coupable du péché originel. Quel homme vis sans commettre de fautes? Mais les hommes en commètent de plus ou moins grandes, selon qu'ils sont plus ou moins méchant. N'entreprennez jamais rien au-dessus de vos forces; car ceux qui ne prènent pas de précautions quand ils entreprenent quelque chose, risques toujours d'échouer dans leurs entreprise. Il vauderait mieux que vous ne véqussiez pas si long-temps, mais que vous véqussiez mieux, disais un philosophe à an homme du monde qui croyais s'être rendu immortel, parcequ'il avait vécu au-delà de cent ans. Combien de temps véqut-ils? Nous viveriont plus long-temps, si nous saviont nous régler. Ce joueur se méprennait à chaque instant, nous en rîme à notre aise. Je lui envoyerai un cent de pêches, afin qu'il prène celles qu'il voudera. En agissant ainsi, nous vous excluions tout-à-fait. Je ne couderai jamais aussi bien que ma sœur. Ma grand'mère cousît bien dans son jeune temps.

THÊME CINQUIÈME.

Ne me contredites pas, car je n'aime pas ceux qui se plaises à contredire les autres ; et quand je voie des hommes de la sorte, je conclut que, ne pouvant rien dirre de bon, ils cherches à trouver à redire à ce que les autres dises de spirituel. Si nous croiions que ce criminel se fît une loi de ne plus tuer, qu'il voulut se soumettre aux lois, et qu'il promit de suivre toujours le bon chemin, nous lui feriont grâce. Nous savont quel plaisir on goûtent à boir quand on as soif ; mais nous ne comprennons pas quel est celui que l'on peux trouver à boire quand on n'as pas besoin de le faire. Pour rendre service à un homme, je me metterais à la gêne ; et j'aime à croirre que vous fairiez la même chose, si l'occasion se présentais. Ces hommes se bataient d'une manière si acharné, que, si nous ne fussiont pas arrivé, ils se batteraient encore. Ces deux troupes se batirent fort long-temps, et avec grand courage ; mais l'une étant défait, l'autre l'obliga à fuire et demeuras maitresse du champ de bataille. Celui qui rie de son prochain mérite qu'on rient aussi de lui. L'homme sage ne vis pas que pour lui, il vis encore pour donner des leçons aux autre. On nous as donné ces deux sommes, afin que nous soustraiions la seconde de la première. Je ne sait qui m'as soustrait un fort beau livre que j'avait.

THÊME SIXIÈME.

On nous as proposé une question bien difficile ; je doute que nous la résolviont. Quelques savants seulement l'ons déjà résoute avec succès ; mais les autres n'ont rien dis qui put la faire comprendre. Nous rîme beaucoup quand nous

entendimes ce vieillard raconter son histoire :
nous la comprennions difficilement ; mais nous
fesions tout notre possible pour la comprendre,
afin qu'il ne prit point d'humeur contre nous, et
qu'il ne nous fit point de reproches. C'es en
suivant toujours le sentier de la vertu que l'on
ne se perdera pas, et que l'on ne poura jamais se
perdre. Cet écolier ne savant que répondre à ce
qu'on lui disais, prennait tantôt une posture,
tantôt une autre. Nous vainquerons difficilement
nos passions, si nous ne prennons les moyens
nécessaire pour y parvenir efficacement. Ce que
l'on dis fuis, mais ce que l'on écris restes. Je ne
sait si deux mille francs suffises pour l'économie
domestique d'un magistrat ; mais je croie que
s'il ne voulais absolument que le nécessaire, il
mettrais encore quelque chose de côté. Nous
lisons dans l'histoire que Noé maudît son fils Cham,
parce que ce fils dénaturé avait rit de son père.
Quand saurrez-vous si vous faisez bien ou mal ?
Pourez-vous résoudre le problême qui vous as
été donné ? Je le resouderait facilement. Ces
gens que vous croiiez d'abord si bons ouvrier
font souvent, comme vous voiiez tout à l'heure,
plus d'embarras que de besogne.

THÊME SEPTIÈME.

En fesant ainsi votre devoir, vous acquererez
plutôt des reproches que des éloges. Vos condisciples ne vous prenderont pas pour modèle. Vous
priez hier les juges de ne point condamner ce
criminel ; est ce que vous contredites leur avis ?
Voilà une énigme que vous ne resouderez pas
facilement ; qui de vous, mes amis, la rèsoudera
le premier ? Plusieurs ont déjà entrepris de le
faire, mais ils n'y sont pas parvenu. Je ne suiverai pas un pareil exemple. Les habitants du midi
de la France boives de bon vin ; cependant il
n'est pas aussi bon que celui que les Espagnols
ons coutume de boir. La pierre que vous avez

lancée bruiiait dans l'air, et l'on aurait crû que ce bruit venais de quelque mouche qui bourdonnais. Il y a un milieu entre croir et ne pas croir; souvent les deux extrêmes sont funeste. Ainsi Hippolyte péris parce que Thésée crût trop aveuglément son épouse; et Troie succombas, parce que les Troyens ne crures pas aux prédictions de Cassandre. J'ai résolut d'éviter les poursuites que l'on fesait contre moi; et, en mettant mon salut dans la fuite, j'y suit parvenu. Voilà des œufs bien frit; je vouderais bien que mon cuisinier en fit frirre d'aussi bons. Ce légume fris bien, et il est très bon fris. Je ne croie pas que ceux-ci frieraient aussi bien, ni qu'étant frit, ils serait aussi bons.

THÈME HUITIÈME.

Tu couderas mieux, ma fille; car ce que tu cousit hier était fort mal cousut. Cette femme trayais sa vache quand nous arrivames; et, lorsqu'elle l'eût traite, elle nous fit boire du lait. Nos soldats n'ont point été vainqus. Vaincons nos passions, et nous viverons paisiblement. De ce que nous connaissiont les éléments d'une science, nous ne concluions pas que nous la sachions à fond. On n'absoudera pas impunément les scélérats du châtiment qu'ils mérites; car sans cesse on craindera qu'ils ne commètent de nouveaux crimes. Les Perses furent plusieurs fois vainqus par les Crecs. Vous vainquerez difficilement cet obstacle. Aussitôt qu'on eût clot la porte, son avocat fit entendre un discours pathétique; et, lorsqu'il eût finit, on entendit tout les auditeurs qui bataient des mains. Vous disez que le coupable est heureux; je vous convainquerai qu'il ne l'est point. Je croie que le bled croit trop fort pour le moment. Je vous convains par vos propre yeux. Vous disez que vous ne me contredites jamais quand je vous parles; cependant tout le monde dis que vous ête contrariant,

et que vous ne vous plaisez qu'à contredirre les
autres. Cet homme véqut cent dix ans. Ne mau-
dites jamais personne ; car celui qui maudie sou
semblable est souvent plus digne d'être maudis
que lui. Ne médites jamais de qui que ce sois. Ils
prires la cruel résolution de tuer leur frère, et
ils se metaient déjà dans la disposition d'exécuter
leur dessein. Heureux celui qui vainct ses passions ! Il vivera sans remords.

RÉCAPITULATION sur les quatre
conjugaisons.

THÊME PREMIER.

Les hommes qui saves combien l'étude pro-
cures de charmes, et combien l'on peux en re-
cuellire d'avantages, peuves seuls en concevoire
l'utilitée ? Pourquoi fuiiez-vous si fort ? Vous
courriez à toutes jambes, et personne n'aurais
jamais pu vous atteindre. Nous savont maintenant,
et nous vouderions bien que les anciens eussent
sut que ce n'es point le soleil qui tournes autour
de la terre, mais la terre qui tournes autour du
soleil. On acquert de l'expérience tous les jours ;
et tel qui autrefois faillissait se tromper à chaque
instant, dois aux dangers qu'il as courus la prudence qu'il as. Je ne croie pas que vous voiiez
les choses telle qu'elles sont en effet. Si vous
négligez vos devoir, vous encourerez la haine de
vos parents : vous ne recueillirai point de récompenses, et outre que vous ne saurrez rien,
vous n'acquererai aucune considération dans le
monde. Ayant ainsi parlé, il changa de couleur ;
on le vît défaillire, et peu s'en fallût qu'il ne
mourut de saisissement. Vous riez tout à l'heure
à gorge déployé ; quelle es la cause de cet joie
aussi subit qu'immodéré ? Les physiciens pré-
tendes que l'eau bouillue est infiniment plus
légere qu'un volume égal d'eau non bouillue.
Prend garde surtout que le café que tu fait bouil-

lire si fort ne s'enfuye dans le feu. Ce vieillard pouvais à peine entrevoir son fils, tant ses yeux était baigné de larmes.

THÊME SECOND.

Si l'homme ne se convainq pas lui même qu'il existes un Dieu, que faudera-t-il lui dirra, pour qu'il soit convainqu de cet vérité ? Il était revêti d'un camisole de laine si usé que peu s'en fallais qu'on ne vit sa chair. Je pensait que vous envoyériez pour savoire de ses uouvelles, et je tressaillissais déjà dans l'espérance d'en avoire d'heureuses ; mais mon attente a été trompé. Tout les laboureurs vouderaient qu'il plut, pour que la terre puisses être rafraîchi. Plus on amendent un terrain, plus il acquert de valeur; au contraire, plus on le négligent, plus il déchois de sa bontée naturelle. Nous croiions apercevoir une roche situé sur un coteau verdoyant, d'où l'on pouvais voire au loin dans la plaine. Un homme consommé dans le crime, ne saurait se laisser émouvoire par les remontrances. Tôt ou tard il faudera payer tribut à la nature ; il n'est personne qui puisseut s'affranchire de cette loi universel. Il ne fallais pas tant vous prévaloire de vos forces, vous n'auriez pas couru le danger duquel vous n'avez put vous tirer qu'avec peine. Les marchandises qne nous vous envoyerons sont meilleurs encore que celles que nous vous envoiions l'année passé. Je saurrai bien si ma commission a été fait. Tant qu'il pleuvera ainsi, les semences n'acquercront pas beaucoup de force. Il ne faux jamais défier un fou de faire ses folie, dis un vieux proverbe.

THÊME TROISIÈME.

Metez tous vos soins à fuire l'orgueil; car si vous ne savés point réprimer son aiguillon, vous viverez toujours en fat. Lorsque la compagnie s'asseoyait, tout à coup l'on vit accourire un homme

qui faillis succomber à la peur qui le poursuivait.
Il se rassura pourtant; et, s'asseoyant au milieu de l'assemblée, il racontat son aventure. Ne
médites des autres que le moins que vous pourez,
si vous voulez qu'on ne médises point de vous.
Si vous vous y prennez de cet manière, vous ne
recueillerai point le fruit de votre entreprise. Fuie,
mon fils, fuie un calomniateur, comme tu fuierais un pestiféré, ou comme tu fuierais un serpent
prêt à te dévorer. Ces enfants ont couru très-
fort; c'est pourquoi il fauderait les faire rafraichire:
ils sont aussi vêtis trop chaudement pour la saison; il faux les revêtire d'un habillement plus
léger. Je ne croie pas qu'il failles qu'il pleuvent
plus long-temps pour les biens de la terre. Ceux
qui se fons un métier de courire, courrent souvent
pendant sept ou huit heure sans se fatiguer; on
as vu même des coureurs qui courraient une journée entière, et qui, après avoir ainsi courru, se
montrait encore disposé à courrir. Il faut beaucoup de goût pour juger un auteur, quelque mé-
diocre qu'on le croye. Cet orateur est bien à
plaindre; il ne peux pas dirre deux mots, sans
que la mémoire sembles lui faillire. Aussi je dit
que les orateurs dont la mémoire faux ainsi, de-
veraient s'abstenire de parler en public. Les
hommes mourreront la plupart comme ils auront
véqu, avec leurs bonne ou leurs mauvaise habitudes.

THÊME QUATRIÈME.

On n'as jamais ceuillé, on ne cueilles point et
l'on ne ceuillira jamais des figues sur des ronces.
Si nous excluions ce mot de la phrase, elle n'en
serais que plus harmonieuze et plus coulante. Le
sang bouillissait dans les veines de ce héros : il
voulais cueillire la palme de la victoire; et il n'y
avais pas de danger qu'il ne courut, pour parvenir
à son but. Ne croyés pas que je me prévaille de
mon autoritée, pour faire le mal, comme je le

vouderais. Si l'on ne sais pas pardonner, l'on es peu digne soi-même de pardon. Vous dirai, s'il vous plais, à mon tailleur, qu'il coude mon habit plus solidement qu'il ne l'a cousut jusqu'ici. En savant se faire une guerre ouverte à soi-même, on ne coure pas risque de s'abandonner au mal. Je n'ai jamais crû, je ne croie pas et je ne croierai jamais qu'il n'existent pas un Dieu. Je veux que vous vous meuviez plus que vous ne vous meuvez ordinairement, pour terminer cet affaire. En se prévallant trop de sa vertu, on coure le danger de la perdre. En même temps on voie accourire de toutes parts une foule d'enfants. Ces personnes fuyent une troupe de brigands qui les as saisies de corps; et, sans une espèce de miracle, ils faillissaient mourire de la main de ces scélérats. Couderiez-vous mieux que mademoiselle votre sœure? Elle cousit hier; mais elle s'en acquittat assez mal : nous aimont à croire que vous le ferai d'une manière satisfaisante. Non, tant que nous verront le soleil luir au milieu du firmament; tant que les astres se mouvoiront autour de ce roi des astres, nous ne perderons point le souvenir de vos bienfaits.

THÈME CINQUIÈME.

Ceux qui compromètent les innocens dans une mauvaise affaire, afin de s'y soustraire eux-mêmes, ne peuves manquer d'être puni de leur méchancetée. Pendant qu'ils se débataient ainsi, on crût qu'ils allait bientôt en venir à une esclandre; mais l'évenement fis voire qu'on faillissais, car ils s'embrassères tout-à-coup au milieu de l'auditoire stupéfais. Si l'on était bien convainqu de la nécessitée de la mort, en viverait mieux qu'on ne le fais; mais comme cet idée nous fuie sans cesse, nous suivont toujours le même chemin. Si nous ne fesons des efforts pour vaincre nos passion, elles nous vainquerons nous-mêmes. Il ne faux jamais conclurre du particulier

au général : en effet, de même que, parce qu'un
homme est aveugle, il ne s'ensuis pas que tous
les hommes le soyent ; de même aussi, parce que
quelques individus vives en méchants , s'en-
suivra-t-il que tous les hommes soyent méchants.
Les Israélites circoncisais leurs enfants, pour les
distinguer des autre peuples, qui n'étaient point
circoncits. Dans la suite, l'usage de circoncir se
ralentit peu à peu ; et aujourd'hui, il n'y as plus
que quelques peuples de l'Afrique qui circonsises
leurs enfants. Que diriés-vous, si nous concluions
l'affaire sans vous. Tel qui rie aujourd'hui ,
pleurra peut-être demain, dis le proverbe. On
veux faire voire par là , que nous ne pouvont
lire dans l'avenir, et qu'il ne faux point compter
sur la durée du bien-être.

THÊME SIXIÈME.

Ce vieillard ne saurrait faire un pas assuré;
son pied lui faux à chaque instant, et à chaque
instant il coure le risque de choire : il vauderait
mieux qu'il restât assit, que de vouloire aller et
venire ainsi. Aussitôt toute l'assemblée se tût :
un profond silence se fais entendre dans tous les
rangs; les ministres s'asseoyent à leur banc, et
l'orateur poursuis en ces termes.... Si vous savés
vous contenter de tout çe qui vous arrivent, si
vous prennez du bon côté le bien et le mal, vous
viverez plus tranquilles , et vous ne vous croierez
nullement malheureux; mais, comme les hommes
veules toujours plus qu'il ne leur faux, et que
leurs desirs ne sont jamais satisfait, ils ne se
croyent pas heureux. Ne contrefaisez point les
défauts naturels. Je vouderais que vous sussiés
l'accident qui est arrivé hier, afin que vous puissiés
connaître par là combien les hommes s'aveugles
eux mêmes sur leurs propres intérêts, et demeurer
convainqus d'une véritée que vainement j'ai
tenté plusieurs fois de vous faire comprendre.
J'espére aussi que vous comprenderez désormais,

combien il est facile à l'homme de déchoire de l'état d'innocence dans lequel il a vécu, même pendant un assez grand nombre d'années. Quel homme ne sais pas qu'il dois un jour mourrir?... Mais quel homme croît sa mort peu éloignée? Nul certainement; tous vives comme s'ils étaient sûre de ne jamais mourrir.

THÊME SEPTIÈME.

Je ne croie pas que cet homme vale mieux que son compagnon; leur physionomie ne 'dis rien de bon. Il est vrai qu'il ne faux pas toujours juger les gens d'après la mine; et, parce qu'un individu se montres avec une figure menaçant et un aspect hagard, il ne s'ensuis pas qu'il sois un homme méchant. Mon ami, écrit-moi plus souvent, je suiverai ton exemple, et je t'écrirrai aussi plusieurs fois par mois. Je veut de plus que tu écrive un peu mieux, afin que je puisses lire tout ce que tu m'aura écrit. Qu'un écrivain de bon goût n'écrives rien qu'il ne penses; c'est un précepte que tout les maîtres de l'art mètent en pratique, et qu'ils fons connaître aux autres. Si l'on recueillissait toutes les sottises que l'on as dites, peu s'en fauderait que l'on en fit un plus gros volume que de tout ce que l'on a dis ou écris jusqu'ici de convenable. Les ennemis assaillires leurs adversaires, et les poursuivires jusqu'à ce qu'ils les crusses trop dispersé pour qu'ils pusses se réunir. Je ne croie pas que ces jeunes enfants ayent beaucoup de moyens. Je te dit que tu ayes soin de faire ton devoir, afin que je n'aye pas la peine de te punir. La plupart des hommes meures en naissant, et c'est une espèce de grâce accordée à l'humanité; car, si tous les enfants qui naisses vivait, comment la terre pourrait-elle les contenire sur sa surface, et comment suffirais-elle à leur nourriture?

THÈME HUITIÈME.

La robe que vous cousés n'est pas aussi bien cousu que celle que me coudera cet couturière. Cet écrivain n'écrie si bien, que parce qu'il se résoud à repasser tout ce qu'il fais. On se forment le goût et le génie en fesant de bonnes lectures. Ce moulin, en moulant cinquante décalitre par jour, vaux à son maître dix sols du décalitre ; si tous les moulins moulaient autant, le métier de meûnier vauderait mieux que tant d'autres. Si cet ouvrier ne prennait point de grandes mesures, il courerait le risque de voire choire sur son dos des blocs énorme de rocher. Si vous prenniez plus de précaution, vous fairiez moins de fautes. J'ai connu une personne qui cousais si facilement, qu'aucune femme ne cousît, ne cout et ne coudera jamais aussi bien qu'elle. Le conseil s'étant assemblé, on ne sachait que dirre ; il y avait déjà une heure que la séance était commencé, et nous ne concluions rien ; enfin un orateur montes à la tribune et prent la parole. Il dis, et tout le monde se mets à rirre aux éclats : l'orateure, sans être trop émut, poursuivis son discours ; mais comme il ne conclus rien de sage, il fallût qu'il s'assit, honteux de ce qu'il s'étais prévalu à tort de ses forces. Que voulez-vous que nous concluions, puisque vous-même ne concluiez rien. Je vouderais, madame, que vous me coussissiés cette redingotte, et que vous fissiés une reprise presqu'imperceptible.

DEUXIÈME PARTIE.

SYNTAXE ET ANALYSE GRAMMATICALE.

SYNTAXE GÉNÉRALE,

ACCORD DE L'ADJECTIF AVEC LE NOM.

Première règle. *L'adjectif s'accorde en genre et en nombre avec le nom auquel il se rapporte.*

Nota. Toutes les phrases jusqu'au tiret ont
été calquées sur le modèle d'analyse grammaticale qui suit la règle, quand il a été possible de
le faire.

THÊME PREMIER.

Le peintre habiles. La vierge chastes. Le temple
saints. Les temples saint. La nation sages. Le
peuple savants. La famille distingué. La ville fortes.
L'armée discipliné. Le livre bons. La loi sacré.
— Le maître promet de bel récompenses auxéco-
liers diligent. La mère soigneuses. La fille pieuses.
Le frère complaisants. La sœur affables. Les manières délicate plaisent à toute les personnes du
monde. Un homme éclairés jouit de l'estime public. Les assurances général sont nombreuse. La
voie droites mène au ciel. La voie étroites conduit
au précipice. Le vraie bonheur ne consiste pas dans
les sale voluptés. Le mensonge rend les hommes
méprisable aux yeus des gens de bien.

THÊME SECOND.

Le prince sages, vertueux, éclairée. Les magistrats éclairées. La reine compatissantes. Le temps
courts. La vie longues. Les chaleurs excessifs.
L'homme actifs. La femme ménageres. Les eaux
limpide. Le ruisseau transparents. — Les peuples
voisin sont souvent ennemi ou rivals. La flotte
grec a défait l'armée turc. La ville est heureux, et
la campagne fortuné. Nous désirons avec une vif
ardeur que vos espérances ne soient pas vaine.
Les nombreuse expériences de ces physiciens les
ont rendus célèbre. Les magistrats doivent une
exact justice à leur concitoyens. Vous connaissez
les œuvres merveilleuse de Jésus-Christ. Toute les
créatures doivent à leur créateur d'éternel actions
de grâce. Combien est grandes la bonté de Dieu !
Sa grandeur est infinies. Les merveilles de la création sont innombrable. Quel profondeur dans les
mystères de notre religion sainte! Les troupes enne-

mi s'approchent des nôtre (1). Vous voyez une maison bien caduc, parce qu'elle est très-anciennes.

THÊME TROISIÈME.

L'histoire romaines. Les histoires moderne. Le créateur souverains. La blessure mortel. L'action criminel. Les bel œuvres. Les bonne mœurs. Les lois sage. La vie contemplatife. Les ruines affreuse. La tour élevé. Le monument antiques. Le vieillard vénérables. — La bel campagne d'Italie. Les riche présents de Cérès. La bonté divin est si grand, qu'elle force l'homme ingrats d'aimer son auteure. Le fils prodigues dissipe bientôt tout les biens d'un père souvent avares. L'économie est une sages prévoyance des choses futur. Les monstres marin vivent au fond des eaux. Le géant Goliath était d'une taille extraordinaires. David, au contraire, était très-petits. Les lapons sont de petit hommes qui vivent dans des demeures souterraine. Les rives fleurie de la Seine. Les bords enchanté du Mincio. Les fleurs de ce parterre sont vermeil. L'éclat de la lumière du soleil est éblouissants. Quel rayons vif et pénétrant ! Quel chaleure actife !

THÊME QUATRIÈME.

L'armée nombreuses. Les troupes vigoureuse. Les soldats hardi. Le général habiles. Le capitaine intrépides. La bataille décisife. Les combats douteuses. L'homme riches. Les individus pauvre. Les hommes droit, probe. Le pré artificielle. — Une chaumière antiques et délabré, était l'humble réduit d'un pauvres tisserand. Il y vivait contents du petits produit d'un grands travail. Cet chaumière, placé devant l'entrée d'un palais magnifiques, faisait un contraste frappants. La ville de Tyr, fameuses par son commerce, est bâtie auprès

---

(1) Les pronoms, en général, s'accordent aussi en genre et en nombre avec les noms dont ils tiennent la place.

d'une bel côte. Cette grande ville semble être la
reine de tout la mer, et la ville communes de tous
les peuples. Son port est vastes. Tous les citoyens
s'appliquent au commerce, et leurs grande richesses ne les dégoûtent jamais du travail nécessaires pour les augmenter. On y voit de tout côtés
le fins lin d'Egypte, et la pourpre tyriènes, deux
fois teint. Cet double teinture est très vif, et l'on
s'en sert pour les laines fine.

DEUXIÈME RÈGLE. *Quand un adjectif se rapporte à deux noms singuliers, on met cet adjectif
au pluriel, parce que deux singuliers valent un
pluriel.*

THÈME PREMIER.

Le bien et le mal opposé. La mère et la fille
soigneuse. Le maître et l'élève zélé. Le cheval et
le bœuf robuste. La tulipe et la rose bèle. La ville
et la campagne différente. — La tante et la sœur
amie. Le parterre et le verger agréable. Cette
pomme et cet poire sont très-bonne. La vache et
la brebis sont douce. L'agneau et le mouton sont
docile. La ville et la guerre ancienne. Le capitaine et le soldat sont égal à la mort. Le pauvre
et le riche sont semblable. Le père avare et le fils
prodigue sont bien différent. L'amiral et le duc
reviennent triomphant. Le sénat et le peuple
étaient triste et rempli de craintes. Le roi et le
sujet paraissent sage et vertueux.

THÈME SECOND.

L'histoire et la géographie avantageuse. L'armée grec et l'armée turc nombreuse. La sagesse
et la science désirable. La cour et la maison vaste.
L'étude et la récréation nécessaire. La prudence
et la téméritée opposée. — Cette jeune personne
et sa compagne sont nos voisine. Le cheval et
l'âne sont commode. Le meûnier et son fils ignorant et rustre. La douceur et l'humanitée sont

précieuse. Le prince et son rival fier de leurs droits. La langue français et la langue latin que nous étudions, sont difficile. La mythologie et l'histoire anciène sont des connaissances indispensable aux jeune gens. La Belgique et la France sont des contrées voisine. La Turquie d'Europe et la Turquie d'Asie sont très-vaste. L'Islande et l'Irlande sont des îles différente. L'Amérique septentrional et l'Amérique méridional sont immense. La musique et la danse sont des arts propre à orner l'éducation. Le menuet et le rondeau facile amusent les enfants.

THÊME TROISIÈME.

La ville de Rome et la ville de Carthage rivale. La fierté et l'ambition nuisible. La joie et la douleur sensible. La guerre et la bataille cruelle. Le lièvre et le lapin agile. — La bonté et la tendresse demon père inappréciable. La famine et la peste sont affreuse. La médisance et la calomnie sont abominable. La première légion et la deuxième reviennent victorieuse. Le loup et l'agneau, ennemi de tout temps, sont bien différent l'un de l'autre. L'ours et le lion sont terrible. La paix et l'abondance sont désirable. Scipion et César sont illustre dans l'antiquitée. Cicéron et Démosthène furent les premier qui employèrent l'éloquence pour entraîner les esprit. La ville de Tyr et la ville de Sidon étaient indépendante. Le bœuf et le cheval sont utile au labourage. La panthère et l'hyène sont féroce. Le département de l'Aisne et le département du Nord sont fertile et bien peuplé.

TROISIÈME RÈGLE. *Lorsque les deux noms sont de différent genre, l'adjectif pluriel prend le plus noble des deux genres, c'est-à-dire, le masculin.*

THÊME PREMIER.

Le père et la mère bonnes. Le loup et la louve méchantes. Le Roi et la Reine grandes. Le rossignol et la fauvette chanteuses. Le linot et la linotte légères. Le vautour et l'hyène cruelles. Le lapin et la sarcelle petites. — Le soleil et la lune différentes. Le père et la fille contentes. Le corbeau et la pie trompeuses. L'époux et l'épouse gracieuses. Le serviteur et la domestique vigilantes. Le vestibule et la chambre telles. Le sirop et la bière bonnes à boire. Le raisin et la cerise délicieuses. Le Pyrée et la ville d'Athènes belles. Le Portugal et l'Espagne voisines. Le palais et la cour grandes. L'esclave et sa maîtresse très-méchantes. La duchesse et le courtisan fières. Le général et l'armée courageuses. Le coq et la poule belles. Le travail et la paresse sont bien différentes. Galathée et Polyphème amoureuses. L'orgueil et l'envie affreuses. Tyndare et sa femme Léda trompées.

THÈME SECOND.

Le père et la mère prudentes. Le fils et la fille laborieuses. Le livre et la table grandes. Le village et la ville différentes. Le côteau et la prairie variées. L'époux et l'épouse nouvelles. Le Dannemarck et la France éloignées. — Le clergé et la noblesse sont nombreuses. Le canif et la plume bonnes. Cupidon et Vénus adorées à Cythère. Le religieux et la religieuse dévotes. Le loup et la louve carnassières. Le château et la chapelle de Versailles sont très-belles. Le maître et la maîtresse savantes. Le nègre et la jeune esclave diligentes. Cet homme et sa compagne sont douces. Le conte et l'histoire amusantes. Jules et Emilie studieuses. L'amant et l'amante passionnées. Le père et la mère méchantes. Le Tibre et la Seine séparées. Le mari et la femme criminelles. Paul et Virginie innocentes. Ce thème et cette version sont diverses. Le sanglier et la panthère cruelles.

THÈME TROISIÈME.

Louis et Clémence charmantes. Le Roi et la

Reine miséricordieuses. Le duc et la duchesse orgueilleuses. Le rossignol et la colombe amusantes. Le vin et l'eau-de-vie échauffantes. — Le Danube et la Seine sont différentes. Le Rhône et la Saône sont fortes. Le Rhin et la Meuse sont fortes aussi. L'Océan et la Manche voisines. Le jeune homme et la jeune fille ignorantes sont méprisées. Lucas et Phillis bergères. Lubin et Lisette sont villageoises. Les défauts et les vertus sont opposées. L'œillet et la rose vermeilles. Le nez et la bouche de cette enfant sont très-bien proportionnées et un peu longues. Le fleuve et la mer prochaines. Le père et la fille de cette maison sont douces. Le fils et la mère de mon cousin sont vos parentes. Le bois et la forêt voisines sont vertes. Le ruisseau et la rivière sont claires. Des rives et des flots entraînées. Le marquis et la marquise complaisantes. Mon fils et ma fille, disait un père à ses enfant, soyez douces, patientes, prudentes, portées au bien, et obligeantes.

OBSERVATION. *On met de pour des devant un adjectif suivi d'un nom commun, lorsque ce nom est pris dans un sens indéterminé.*

THÈME PREMIER.

Des riches jardins. Des jolies images. Des jolies fleurs. Des avides laboureurs. Des superbes villes. Des nombreux troupeaux. Des grands généraux. Des illustres conquérants. Des bons principes. Des sages philosophes. — Des fausses maximes se répandent de nos jours. Il y avait dans l'île des plaisir, des grands arbres d'où tombaient des belles gauffres. On voit à Rome des magnifiques églises et des riches chapelles. Voilà des fertiles prairies et des abondantes récoltes. Je connais des charitables personnes qui se font un honneure de visiter souvent des pauvres infortunés. Le grand Sultan envoya au Roi de France des riches

présents, des doux parfums et des beaux chevaux.
Vous voyez au firmament des innombrables étoiles;
elles sont des nouveaux mondes que des habiles
astronomes pensent habités. Il y a dans Don Qui-
chotte des amusantes histoires, des agréables portraits, des riantes images et des plaisants tableaux.

THÈME SECOND.

Des grandes qualités. Des longues souffrances.
Des vastes mers. Des fidèles amis. Des illustres
héros. Des braves soldats. Des vains prétextes.
Des faux témoins. Des fausses raisons. Des
indignes accusateurs. Des vils esclaves. Des cruels
princes. — J'ai vu à Paris des belles maisons,
des superbes palais, des magnifiques jardins,
des riches équipages. Les philosophes nous ont
donné des sages préceptes et des utiles leçons. Ils
nous ont laissé des belles maximes et des sublimes
sentences. On trouve dans les ouvrage de M. de
Châteaubriand des belles descriptions, des
touchants tableaux et des savantes allégories.
Des horribles attentats ont été commis sous les
rois de la première race. Les Carthaginois firent
endurer à Régulus des cruels supplices et des
affreux tourments. Bélisaire et Télémaque renferment des importantes leçons pour les princes.
Alexandre avait des grandes vertus et des grands
vices. Thémistocle avait des rares talents dans
l'art de la guerre. Des terribles tremblements de
terre ont bouleversé des vastes contrées. L'infortuné navigateure La Pérouse a fait des savantes
recherches et des intéressantes découvertes.

ACCORD DU VERBE AVEC SON SUJET OU NOMINATIF.

RÈGLES. 1.º *Tout verbe doit être du même
nombre et de la même personne que son sujet ou
nominatif.*

2.º *Deux sujets singuliers veulent le verbe au
pluriel.*

3.º *Si les deux sujets sont de différentes personnes, on met le verbe à la plus noble.*

PHRASES A ANALYSER SUR LE CINQUIÈME MODÈLE D'ANALYSE GRAMMATICALE.

Charles règne. Je commande. Nous lisons. Ils écoutent. Le maître enseigne. Les poissons nagent. Les oiseaux volent. La grenouille coasse. Le corbeau croasse. Le cheval hennit. L'âne brait. Le lion rugit.

THÊME PREMIER.

J'aimes les enfants studieux. Nous admiront les ouvrages du créateur. Tu a rempli ta tâche. Vous reçûtent la récompense de votre travail. Ecoutes-moi, disais un père à son fils : tu n'a pas amassé tous les trésors dont tu jouit ; saches en user avec ménagement. La Bétique es un pays dont on racontent tant de merveille, qu'à peine peut-on les croire. Fénélon en as fait la description dans le huitième livre de son ouvrage intitulée Télémaque. C'est Adoam qui racontes au fils d'Ulysse un voyage qu'il as fait dans la Bétique. Télémaque désirants savoir si tout ce qu'on en dis es vrai, pries ce Phénicien de le satisfaire. Ce pays, lui dis Adoam, es digne de votre curiositée, et surpassent tout ce que la renommée en publies. Aussitôt il commencent son récit.

THÊME SECOND.

Le fleuve Bétis coulent dans un pays fertiles, et sous un ciel doux, qui es toujours sereins. Le pays as pris le nom de ce fleuve. Il conserves les délices de l'âge d'or. Les hivers y sonts tiède, et les rigoureux aquilons n'y souffle jamais. L'ardeure de l'étée y es toujours tempéré par des zéphyrs rafraîchissant qui viennes adoucir l'air vers le milieu du joure. Ainsi toute l'année n'es qu'un heureux hymen du printemps et de l'automne, qui sembles se donner la main. La terre, dans les vallon et dans les campagnes unie, y portent chaque année une doubles moisson.

Les chemins y sonts bordé de lauriers, de grena-
diers, de jasmin, et d'autres arbres toujours
vert et toujours fleuri. Les montagnes sonts
couverte de troupeaus qui fournisse des laines
fine recherchés de toute les nations connu.
On trouvent plusieurs mines d'or et d'argent dans
ce beaux pays. Mais les habitants simples, et
heureux dans leur simplicitée, ne daignes pas
seulement compter l'or et l'argent parmi leurs
richesse. Il n'estimes que ce qui sers véritablement aux besoin de l'homme.

THÈME TROISIÈME.

Ils sonts presque tout bergers, ou laboureures.
Les femmes filents, et fonts des étoffes fines et
d'une merveilleuse blancheure. Elles fonts le
pain, apprêtes les repas, et ce travail est facile.
On ne vis dans ce pays que de fruit, ou de lait,
et rarement de viande. Elles fonts et laves tout
les habits de la famille, tiennes les maisons dans
un ordre et dans une proprétée admirable. Les
hommes mettes le bois et le fer en œuvre. Tout
les arts qui regardes l'architecture leur sonts
inutile; car ils ne bâtisses jamais de maisons. Ces
hommes sage n'ons appris la sagesse qu'en étudiant la simples nature. Ils vives tout ensemble
sans partager les terre. Chaque famille est gouverné par son chef, qui en es le véritables roi.
Le père de famille es en droit de punir chacun
de ses enfants, ou petits enfants, qui fais une
mauvaises action. Ces punitions n'arrives presque
jamais, car l'innocence des mœurs, la bonne
foi, l'obéissance et l'horreure du vice habite dans
cet heureuze terre.

THÈME QUATRIÈME.

Jamais peuple ne fus si honnête, ni si jaloux
de la puretée. Les femmes y sonts bèles et agréable; mais simple, modeste et laborieuse. Les
mariages y sonts paisible, fécond, sans tâche.

Le mari et la femme sembles n'être plus qu'une
seules personne en deux corps différent. Le mari
et la femme partagents ensemble tout les soins
domestique. Le mari règle les affaire du dehors;
la femme se renferment dans son ménage : elle
soulagent son mari, elle parais n'être fait que
pour lui plaire ; elle gagnes sa confiance, et le
charmes moins par sa beautée que par sa vertu.
Le vraie charme de leur sociétée durent autant
que leur vie. La sobriétée, la modération et les
mœures pure de ce peuple lui donne une vie long
et exempt de maladie. On y voient des vieillards
de cent et de six-vingts an, qui ons encore de la
gaîtée et de la vigueure. On ne trouvent dans
tout les habitants de la Bétique, ni orgueil, ni
hauteure, ni mauvaises foi. Ils furent étonné
quand ils vires venire au travers des ondes de la
mer des hommes étranger qui venait de si loin.
Il nous laissères fonder une ville dans l'île de
Gades.

THÊME CINQUIÈME.

Rome et Carthage, république rivale, fut
long-temps en guerre. Annibal et Scipion fut les
deux plus grands générals de leur temps. Corneille et Racine fut rival dans la tragédie.
Démosthène et Cicéron illustra leur pays par
leur vif éloquence. Tite-Live et Tacite écrivit
l'histoire romaines. Virgile et Horace est deux
poëtes contemporain. César et Pompée se disputa
l'empire du monde. Caton l'ancien et Caton
d'Utique fut deux grands hommes. Les deux
Corneille était frères. Deux princes rivaux,
François I.er et Charles-Quint, soutint l'un
contre l'autre une guerre longue et désastreuze.
Romulus et Rémus jeta les fondement de ce
fameux empire qui a conquis tout la terre.
Reims et Amiens passe pour des ville très-com-
merçante. Lyon et St.-Étienne est renommé par
leurs fabrique. Louis et Adèle est aimé de leur

parents. Mon père et ma mère est estimé dans
tous le pays. Mon frère et ma sœur est chéri de
leur oncle. Nous avont été dans la forêt; un daim
et une biche accourut devant nous. Vous et moi
vous êtes compatissants. Toi et ton ami iront
promener.

THÈME SIXIÈME.

Le vice et la vertu nous paraisses bien opposé.
Les honneurs et la gloire rende les hommes vain.
Le riche et le pauvre devienne égal à la mort.
L'un quittes la vie avec des regrets et des remord;
l'autre se vois avec plaisir débarrassé du poids
de la misère qui l'accablais et le suivais partout.
C'est alors qu'ils sont véritablement égals; car
que leur restes-t-il? Un coin de terre égale pour
l'un et pour l'autre. Que sers au riche d'avoir
fuit et d'avoir méprisé ce pauvre infortunée qu'il
aurais dû secourir? Il est maintenant placée
auprès de lui, et il entends sa voix qui lui cries du
fond de la tombe : « Qu'a-tu fait, malheureux?
Lorsque je languissait, sous tes yeus, dans la
plus affreuze misère, tu dédaignait mon sort; et,
dans l'ivresse des plaisir, tu te croyait immortelle:
voit maintenant ce que nous sont devenu?
cendre et poussière. Les parfum et les odeures
ne pourrons te garantir des vers; tu deviendra
comme moi leur pature. Ah! misérable, reconnaît
aujourd'hui la main qui te frappes, et rend-toi. »

PHRASES A ANALYSER SUR LE SIXIÈME MODÈLE
D'ANALYSE GRAMMATICALE.

La lecture est nécessaire aux jeunes gens.
Nous avons récité nos leçons. Le maître donnera
de belles récompenses aux écoliers diligents.
Les méchants seront punis de Dieu. Ce jeune
homme est propre au commerce. La vie de
l'homme n'est pas longue. Nous vous aimons
tendrement. Le juste est souvent accusé par le
coupable. J'enseignais la géographie à mes

élèves. Le secrétaire de Monsieur a écrit plusieurs
lettres à mon père. Cet homme a sauvé le Roi
d'un grand péril ; Sa Majesté lui donnera une belle
pension. La science est avantageuse à tous. La
gloire est ambitionnée par les guerriers. Obéissez
à vos maîtres. Ne nuisez à personne. Ces livres
me plaisent. Je n'ai jamais manqué à mon devoir.
Vous avez médit de votre frère, et vous avez ris
de son erreur. Nous jouirons bientôt de la
campagne. Profitez de mes avis. Ne vous louez
pas ; humiliez-vous plutôt. Je me fais honneur.
Tu t'es fait gloire.

SYNTAXE PARTICULIÈRE.

I. — DU GENRE DES SUBSTANTIFS.

THÊME PREMIER.

Nous avons vu des bons orgues dans toute les
églises que nous avont visitées ; mais de tous ces
orgues, la meilleure est celle que nous avont
entendue jouer à Lyon. Des pleurs délicieuses
ont coulé de nos yeus, lorsque nous avont lu avec
piétée l'ymne si beau et si touchant de l'asssomption
de Marie. Les amateurs d'Euterpe connaisses sans
doute les belles œuvres de Rossini et celles de
Méhul. Avez-vous vu Louise ? Oui, je l'ai vue : le
pauvre enfant ! elle s'est désolé d'avoir dérangé
un tuyau de l'orgue qui a été faite par son papa.
Suivez, mes amis, les exemples qui vous ont été
données par ceux qui vous ons précédés dans cet
maison ; ils ons toujours fait de bons œuvres :
aussi, aujourd'hui sont-ils logé à bon enseigne.
Cet homme n'es pas une aigle, quoiqu'il aie
composé quelques pièces qui lui ons valu l'estime
des gens de lettres. Des amours insensés con-
duisent les jeunes gens à leur perte ; ils les
détournes du sentier de la gloire : tous les délices
qu'ils sembles donner sont corrompus. Je
voudrait avoir une couple de rossignols dans ma
cage ; je verrait si ces oiseaux out des amours

constants. Bossuet as porté l'éloquence à sa plus
haute période : cet auteure était dans la dernière
période de sa vie, lorsqu'il prononça l'oraison
funèbre du grand Condé.

THÊME SECOND.

On dis qu'un homme n'es pas logé à bon
enseigne, quand il n'as pas quelques pièces
d'argent. Que de dames portes à leur coiffure
un enseigne faux et trompeur ! Mes amis, y as-t-il
des délices que l'on puissent comparer à ceux
que procure un bon œuvre. L'orage était bien
forte hier, les éclairs multipliés et brillantes;
la foudre est tombée, et as causé une incendie.
L'aigle romain ayant été déployé aux yeux des
Gaulois, ceux-ci prires la fuite. Nous iront nous
promener à Condé, un de ces après-midi; nous
verront si l'enseigne de votre maison as été bien
fait. J'ai ressenti un angoisse terribles, lorsque
j'ai apprit la fâcheuze nouvelle de ce qui vous es
arrivé au commencement de l'automne dernière;
on as voulu, mais en vain, employer de vaines
artifices pour me la cacher. Monsieur, quelque
chose qui ait été perdu par votre serviteur, nous
vous la remettront à sa place. Monsieur le doyen,
l'aigle de votre église n'est pas beau; il n'a pas
été bien travaillé : daus la paroisse voisine, on
en trouvent un qui est bien fait; cependant celui
qui l'a fait n'était pas une aigle.

THÊME TROISIÈME.

Cet enfant n'écriras jamais bien, parce qu'il
ne cherches pas à imiter les exemples qui lui
ont été donnés par son maître. Quand l'automne
est pluvieuse, les fruits se gâtes; quand elle es
tempéré, ils sont bon. Dans les pays méridionals,
l'automne dernière a donné naissance a beaucoup
de maladie. On sait que les astres ont leurs
périodes réglés; la lune, dit-on, fait son période
en vingt-neuf jour et demi. Bossuet était une

foudre d'éloquence, comme Condé était une foudre de guerre. Si vous vous arrêtez dans cette hôtel, vous serez logé à bon enseigne ; car c'est une des plus belles que j'aye jamais vues. On dis que la première orgue que l'on entendit en France, avait été donnée à Pepin-le-Bref par l'empereur Constantin Copronyme. L'hymne des sainte relique n'es pas aussi beau que celui de la fête de tout les saints. Je l'avoues, je fais consister tous mes délices dans l'étude de la langue française. Une violente incendie, occasionnée par le foudre, as consumé plusieurs maisons de ce bourg.

THÈME QUATRIÈME.

Quels délices peut-on trouver à la campagne, quand l'automne est passée ? Les hymnes qui ont été composées pendant la révolution, remplacèrent les hymnes touchants qui ont été faits par nos auteures sacrés. Cette couple de pigeons ramiers as suffi pour peupler notre colombier. Ce couple de boîtes de confitures n'est pas aussi bon que celui que j'ai acheté chez notre confiseure. Ces gens sont parvenu à la dernière période du bonheur. Mon cousin est malade depuis quelques joures ; sa fièvre est à son dernier période. Gardez-vous bien d'avancer quelle que chose qui ne puisse être prouvée. On chantent encore aujourd'hui des hymnes composés par Robert-le-Pieux. On assurent que les œuvres des musiciens italiens sont plus belles que celles des musiciens français. Dans un court période de quelques année, l'on verras, dit-on, des choses extraordinaire. Quelque chose que nous ayons désiré, nous sommes venu à bout de l'obtenir. Ne perdez jamais de vue les belles exemples qui vous ont été laissées par vos ancêtres.

II. — DU NOMBRE DES SUSTANTIFS.

THÈME PREMIER.

Chaque pays n'a pas produit des Homère et

des Virgile. Nous avons eu nos César et nos Pompée. Les Cicéron et les Démosthène de notre temps se sont pour jamais illustré. Cet écolier a remporté plusieurs accessits. On récitait à chaque station cinq paters et cinq avés. Ce chapitre contient une foule d'alinéas. Nous avons chanté plusieurs crédos de Dumont, et ils nous ont semblé tout fort beaux. Mon frère a acheté des duos, des trios, des quatuors. Les opéra de Quinault furent en grande réputation. Il ne faut pas croire aux on dits. Que voulez-vous faire avec vos cars, vos sis, vos mais, vos pourquois. Cet homme ne sait dire que des ouis et des nons. Nous avons encore des Turenne et des Condé, des Richelieu et des Mazarin, des Sulli et des Grétry. Lorsque les matelots se voyent en danger, ils récitent des paters et des avés. Les trios de Pleyel sont fort beaux. Les quatuors d'Haydn sont majestueux.

THÈME SECOND.

Ces princes ont été les Néron de leur siècle. La France a enfanté des Scipion et des Annibal. Nous avons eu nos Sophocle et nos Euripide. Combien monsieur votre fils as-t-il remporté de prix au grand concours ? Il n'as point obtenu de prix ; mais il as remporté plusieurs accessits. Combien avez-vous lu d'alinéas dans ce livre ? J'ai lu environ dix alinéas de la première partie. Les duos de Gebauër pour le violon sont fort estimé. J'ai entendu chanter plusieurs sextuors à l'opéra. On trouve cette ouvrage en plusieurs format : je l'ai vu en in-octavos de plusieurs sortes. Combien avez-vous payé ces in-quartos ? J'ai dans ma bibliothèque un assez grand nombre d'in-folios. Avez-vous lu les opéra de Racine et de Boileau ? Quand on dis le chapelet, on récite plusieurs paters et un grand nombre d'avés. Quels sont les crédos que l'on as chantés à ces deux messe ? Sont-ce des crédos de Dumont ?

N'ajoutez pas foi à ces récit, ce ne sont que des on dits.

III. — DES NOMS COMPOSÉS.

THÈME PREMIER.

Nous avont lu les chef-d'œuvres de ces écrivains fameux, avants-coureurs de la révolution. Ils ont été les boutes-feux de toutes les séditions qu'il y as eu. Nous avont pris des passes-ports pour aller à Naples, ville où l'on trouves un grand nombre de monuments antique. Voici des passes-partouts que nous avont achetés à Paris. Vos belle-sœur sont venu à la fête à Saint-Cloud avec nous; nous y avont rencontré les belle-mère de ces deux enfants. Vend-on des tires-bouchons dans cet boutique, des portes crayons, des portes-mouchette. Ces chasseurs ons été chercher leurs port-d'armes, avant de partir pour la chasse. Ces contres danses sont fort gaie et fort bèles. Cet homme en tombant as reçu plusieurs contres-coups. Les portes-étendards de ce régiment se sont distingué dans la dernière bataille. Voici de beaux portes manteaux. Ces tires-bottes sont fort commodes Le fils de Mathieu as deux tires lires qui sont presque pleines de pièces d'or et d'argent,

THÈME SECOND.

Les contres-temps qui sont survenu depuis deux mois, feront beaucoup de tort à la récolte. On as nommé plusieurs vices-rois qui partiront bientôt pour leurs vices-royautés. Les contres-amiraux ont fait une descente sur les côtes de Coromandel et du Malabar. Les tires fonds sont en usage chez les tonneliers. Vendez-vous des pries-dieu, des portes-crayon, des hausses-cols, des cures-dents, des cures oreilles, des haut-de-chausses. Ces contres-forts empêcheront le mur de s'écrouler. On trouvent des chat-huants dans cette forêt; on trouvent aussi des coupes-gorges.

Les courtes-pointes que vous avez reçues de Reims sont d'une laine très-fines. Jouez-nous vos plus bèles contres-danses. Un bon chasseur dois avoir des tires-bourres dans sa poche, quand il se mets en route pour chasser. Les sous-ventrière de ces chevaux n'ont point été assez serré; elles se sont desserré derrière vos talons. Ces jeunes gens sont, les uns haute-tailles, les autres basse-tailles, ceux-ci haute contres, ceux-là basse-contres.

THÈME TROISIÈME.

Les garde-du-corps de Sa Majesté l'ont préservée d'un danger bien grands. Les garde-champêtres des communes voisines ont dressé ensemble plusieurs procès-verbal. Les gardes-chasse de M. le duc d'Orléans ont précédé Son Altesse Royale à Villers-Cotterêts. Les porte-cochères sont d'une grande utilitée. On as fait dans ce bâtiment des œils-de-bœufs. Les fer-de-cheval préservent la corne du pied de cette animal. Les chauve-souris ne se montres que la nuit. On voit peu de cerf-volants. Ces herbes sont des contres-poisons. Il faudrait faire placer ici des abat-jours. Il y a en France quatre-vingt-six chef-lieux de préfecture. Les portes-feuilles de ce ministre contiennes des arrêt importants. Messieurs les garde-des-sceaux sont venu présenter leurs hommages au Roi ce matin. Tous les portes-manteaux de la maison sont brisé. Ces contres-seing sont élégants. Les contres-marques ont été changé. Nous venons de recevoir des ordres et des contres-ordres tout à la fois. Savez-vous faire des bout-rimés ? c'est une besogne fort amusantes.

THÈME QUATRIÈME.

Nous avont vu des arc-en-ciel après la pluie. Apportez-nous des essuies-mains et des serre-têtes. Ces gardes-manger ne sont pas assez frais. Comme ces basse-cours sont rempli de volailles. Les haute-futaies ne peuvent guère servir de retraite aux voleures. Cet femme faillis vomir ; elle faisait des hauts-le-corps effroyables. Dans notre voyage nous avont rencontré plusieurs haut-bords qui relâchaient dans les mêmes ports que nous. Combien de contres-coups n'as-t-il pas reçus ? Si nous n'avions pas donné de passe-partouts à ces messieurs, comment ferait-ils ? pour rentrer. Donnez des pour-boires à ces commissionnaires. Avez-vous lu les chef d'œuvres de Corneille et de Racine ? J'ai été chercher deux passe-ports, un pour moi, et un autre pour ma mère. Il y a une infinité de pries-dieu dans cette église. Les garde-forestiers ont fait deux procès-verbal contre une pauvre malheureuse de ce pays. Si vous avez plusieurs portes feuilles ; je vous prie de m'en prêter un. Lisez-moi les bout rimés que vous avez faits. Les belle-mères ne prennes pas beaucoup de soin de leurs enfants. Les chou-fleurs sont un excellent légume ; aimez-vous les chou-fleurs ?

DE L'ARTICLE.

THÈME PREMIER.

Rendont-nous heureux dans tous les âges, et dans quelque position que nous nous trouviont, de peur qu'après bien de soins, nous ne mouriont sans avoir joui du bonheur. Donnez-moi de vin, mon ami ; mais ne me donnez point du gâteau. Rappelles-toi ta naissance, puisqu'elle imposes des grands devoirs ; rappelles-toi la religion, puisqu'elle te donnes des beaux exemples qu'il t'importes de suivre. Nos élèves n'ont fait des véritables progrès, que depuis qu'ils s'occupes de l'analyse des phrases que nous leur donnont. Plus je cherches à vous connaître, plus je trouves en vous de la faiblesse, de la paresse, de l'insouciance et du dégoût. Ne cherchez pas des prétextes pour vous disculper ; tous le monde sais que vous avez commis des grandes fautes,

parce que vous avez des grands défauts dont vous
deveriez chercher à vous corriger. Dans la maison
où nous somme, nous mangons du bon pain, et
l'on nous donnent aussi du bon vin. Qui pourrait
nous débiter des plus belles maximes que celle
qui nous ont été donné par les apôtres.

THÈME SECOND.

Ne me donnez pas de la viande ; j'aime mieux
ne manger que du fromage. Madame, votre fils
as remporté tous les premiers prix de sa classe ;
apprenderez-vous cette nouvelle sans montrer de la
joie ? Ne vous empresserez-vous pas de lui écrire
une lettre pleine de témoignages de votre tendresse
maternèle. Aucun de vous ne m'as fait du bien ;
aucun de vous ne m'as fait du mal ; aucun de
vous ne m'as dit des injures. Nous avons versé
des pieuses larmes sur le corps de notre ami. On
trouvent de jeunes gens instruit de leurs devoirs,
mais trop lâche à les remplir. Il y a chez ce
marchand beaucoup de la poudre. Voici une
troupe des soldats de la garde royale. Nous nous
sommes occupé de mesures nécessaires pour
maintenir l'ordre et la paix dans nôtre patrie. Ne
faite point de démarches inutiles : bien de choses
que vous croyés bones pourrait vous nuire ; car
l'homme à qui vous vous ête confié n'as point
de la probité, ni de la franchise ; il n'as aucune
vertu, et il n'es pétri que de vices qui sont
détesté partout.

THÈME TROISIÈME.

Vous avés vu sans doute un grand nombre de
livres que j'ai lus. Avez-vous conservé beaucoup
de volumes que je vous ai donnés ? Ce jeune
ignorant veux toujours dire de bons mots, et
pourtant il ne connais pas sa langue. Cet nouvelle
m'as causé beaucoup de la peine. Voilà des belles
dames ; ce sont de petites maîtresses ; elles
cherches de petits maîtres. Le dernier siècle as

vu naître de grands hommes et de grand scélérats. Je ne vous ferez point des excuses, parce
que je ne vous ai point donné des mensonges,
comme vous le croyés. Il n'y as pas des vers,
quelque beau qu'ils soyent, qui ne prêtes à la
critique. Que j'ai du regret d'avoir connu si tard
une personne qui as tant des bonnes qualités,
qui as tant de la charitée pour les pauvres et de
la compassion pour les malheureux! Mon fils,
tu ne saurait croire combien ta mauvaise conduite
m'as causé des chagrins et des peines. Plus un
homme as du talent et du mérite, plus on dois le
critiquer rigoureusement. Quelques sophistes nous
ons donné des fortes preuves de leur irréligion.

THÈME QUATRIÈME.

Il n'y a plus du temps à perdre, messieurs,
mettont-nous à table; nous avont de la bonne
soupe, du bon bouilli, des bonnes perdrix, du
bon vin, des excellents fruits. Faut-il dans des
vains jeux passer nos plus beau joures? Nous
détestons les personnes qui ne s'occupes qu'à
flatter, et ne fons pas des efforts pour se corriger
de ce défaut. Il ne sais pas que La Fontaine as
dit que Dieu ne fais que pour les sots les méchants
diseurs de bons mots. On ne connais pas dès
soldats plus intrépides à la guerre, plus sages,
ni plus discipliné que les Français. Les plaisirs
des sens ne peuves donner qu'une fausse et une
trompeuse félicitée. Bien de personnes s'imagines
que l'on récoltent du bon vin dans ces contrées;
mais elles se trompent, car on n'y en récolte
que du mauvais. Il y a beaucoup de l'or dans cet
maison; le maître as toujours d'argent dans sa
bourse; les enfants ons aussi bien d'écus. Une
armée des Espagnols s'est précipité sur une
troupe de Portugais.

THÈME CINQUIÈME.

Madame, nous auront bien de peine à gagner

vos bones grâces que nous avont perdues ; nous en avont bien de chagrin ; nous sommes disposé à faire des grands efforts pour les regagner ; et si nous avons le bonheur de réussir, nous montreront de joie. On représente l'anatomie par une figure environné de squelettes, des préparations anatomiques et des autres objets qui ons rapport à l'étude de cet science Nous nous sommes contenté de bones raisons qu'on nous as données. Une infinité des personnes distingué de la ville sont venu me voir. Les historiens anciens et modernes fons l'éloge de Charlemagne. Il y a des grands et petits hommes. Les hommes riches et pauvres ons leurs afflictions et leurs souffrances. Les soldats braves et lâches ons péri Les femmes françaises et anglaises sont porté à la coquetterie. Les soldats gascons et picards sonts d'un caractère tout opposé. Les hommes instruits et ignorants sont comparé, les premiers à des chevaux dompté, les second à ceux qui ne le sonts pas.

DES ADJECTIFS.

I. — DES ADJECTIFS *des* ET *ces*, ET DES MOTS *ce* ET *se*.

RÈGLE. *On distingue l'adjectif possessif* ses *de l'adjectif démonstratif* ces, *en ce que* ses *peut se tourner par* de lui, d'elle, d'eux, d'elles, de soi. *L'adjectif* ce, ces, *ne peut jamais se changer en* de soi, *ce qui empêche aussi de confondre le singulier masculin* ce *avec le pronom réfléchi* se, *qui signifie également* soi, à soi.

THÈME PREMIER.

Un maître instruis ces élèves. Ses soldats sont très-courageux, et obéissant à leur chefs. Quel mère n'aime point ces enfants ! Voyez-vous ses poissons ; ils nages entre deux eaux. On prends des manières civile avec ces amis. Ses livres sont bons et utiles aux écolier. — Vous connûte sans doute se vicillard vénérable qui ce faisait porter à l'assemblée. Se jeune homme ce loue, il ce flatte. La maîtresse reprends ces élèves avec la plus grande bontée. Ses femmes ce trompent et ce laissent abuser. Se crime est affreux ! Quoi ! nuire à ces amis ? On ce persuadent difficilement se qu'on redoutent ; on aiment, au contraire, à ce repaître de douces idées sur se qu'on souhaites ardemment. Ce flatter, s'est découvrir aux autre un naturel orgueilleux. S'est ce tromper que de croire tout se que publies ses hommes recommandable toutefois par leur mérite et leurs vertu. On ce plaît à considérer ces productions. On ce rappèle avec plaisir les bèles actions de ces ancètres.

THÈME SECOND.

Se capitaine exhorte ces soldats. Ses ouvriers ont été très-actif à l'ouvrage. La sarigue défends ces petits contre les dangers : elle as une poche sous le ventre ; cette poche reçoit ces timides sarigues. Le pélican nourrit ces petits de son propre sang. Ses gens ont de fort vilaine manières. — Un prince doit gouverner ces sujets avec cet sagesse qui vient d'en haut, et qu'on n'obtiens que par la prière. Ses peuples encore sauvage qui habites le nord de l'Europe, ce nourrisses de la chasse et de la pêche. L'écolier qui aime ces maîtres auras des succès, parce qu'il feras, pour ne pas leur déplaire, tout se qui dépendra de lui ; et, en cherchant à contenter ces maîtres, il verra ces progrès doubler, et surprendra même ces condisciples. Ses enfants aimes et chérisses leur parents, et ils vonts au devant de tout se qui peut leur faire plaisire. L'oiseau méconnaît ces petits, lorsqu'ils sont devenu grands, et qu'ils peuvent ce passer de ces soins. Ses animaux sont féroce, et ils vous aurait dévorés, si se maître actif n'eut pas veillé sur ces élèves avec tout le soin et la tendresse que lui suggères ces bons sentimens

pour eux. Quelle animal fait la guerre à ces
semblables ? Ses ministres ce sont déshonoré par
leur conduite infâme.

THÈME TROISIÈME.

Se bon fils soulage ces parents dans leur besoins;
il est soumis et respectueux envers eux; et ses
sentiments de piétée filiale lui attires l'estime et
la considération de ces concitoyens. Dieu a dis
dans ces commandements : « que le fils honores
ces père et mère; il vivras long-temps sur la terre.»
— Pourquoi ses éléphants, ses armes, ses bagages,
et ses vaisseaux tout prêt à quitter la rive ?
Alexandre avais le rare talent d'enflammer
l'ardeure de ces soldats. Se roi a pour lui ces
ministres, ces officiers, ces gardes, ces écuyers,
ces maréchals, ces générals et ces soldats. Tous
ces sujets brûles de défendre ces droits, lorsqu'on
les attaquent, et de verser jusqu'à la dernière
goutte de leur sang, pour mettre ces jours à
l'abri des coups de ces ennemis. Quelle homme
n'as point entendu raconter ses scènes déchirante
qui ons eu lieu pendant la révolution, ses massacres déshonorant pour la France, ses jugements
injuste porté contre des citoyens honnête et
vertueux, contre l'infortuné Louis XVI lui-mêmes.
Ses temps d'erreure et de licence ont jetté dans
les esprits un venin subtile, que bien des siècles
pourrons à peine chasser. Se magistrat dois
protéger et défendre ces concitoyens. Ses juges
ce sont toujours montré intègre, et ils ce sont
fait une bone réputation.

II. — DES ADJECTIFS NUMÉRAUX
vingt, cent, mille.

RÈGLES. 1.º *Les adjectifs numéraux* vingt *et*
cent *prennent* s *au pluriel, excepté lorsqu'ils sont
suivis d'un autre adjectif de nombre, ou en date
d'années.*

2.º *Pour la date des années on écrit* mil;
partout ailleurs on écrit mille.

3.° *Les mots* vingt, cent *et* mille *sont quelquefois substantifs.*

THÊME PREMIER.

Cette mulle coûte vingts ducats; celle-ci en coûte quatre-vingt. Ce négociant vous a expédié deux ou trois cent mètres de drap. J'ai reçu cents livres de fer. L'an mille sept cents cinquante cinq, l'Angleterre déclarat la guerre à la France. Nous avont quatre-vingts milles hommes sur pied, ou quatre-vingts-dix. Vous recevrez demain trois cents soixante ou quatre-vingt francs. — J'irez chercher trois cent de paille et trois cent de foin, tous les vingt du mois. La voiture c'est cassé à quatre mille de la ville. Se chariot pese dix ou douze milles livres. Athène fut fondée milles cinq cents quatre-vingts-deux ans avant Jésus-Christ. Simonide, poëte grec, florissait dès l'an mille cinq cents cinquante-quatre avant l'ère chrétienne. Hiéron, roi de Syracuse, qui le protéga, commença à régner l'an quatre cents soixante-quatorze avant Jésus-Christ. Ce gouvernement a reçu, en mille huit cents vingts, cent mille huit cents vingts-quatre piastres d'Espagne. Je vous ai envoyé six-vingt écus. Ce négociant a reçu de Beaucaire trois cents vingts-milles livres d'huile; il a promis de les payer en mille huit cents vingts-neuf. Il y a dans cet classe vingts-cinq écoliers. La pension est à cents ou cents vingts-cinq pas d'ici. Ma bonne femme, combien avez vous de cent d'œufs dans votre panier? Monsieur, il y en a quatre cent; je vait les vendre à la ville qui se trouve à trois mille d'ici où nous sont. Lacédémone fut bâtie milles cinq cents seize ans avant Jésus-Christ. Le Roi Artaxerxès avaient près de neuf cents milles hommes, lorsqu'il marchat contre son frère Cyrus le jeune, en quatre cents cinq.

THÊME SECOND.

Cette table coûte cents louis. Nous avont acheté à se fermier trois cents vingts-cinq brebis.

Cet dame as donné vingts-cinq milles écus aux
pauvres. Il y a dans notre ville vingts milles
hommes et huit cents chevaux. — Se hameau
est située à quelques mille de Lyon. Jeanne-
d'Arc, connue sous le nom de *la pucelle d'Orléans*,
vivait en l'an mille quatre cents vingt-huit. Esope
florissait l'an cinq cents quatre vingts-douze
avant Jésus-Christ. Votre oncle possèdent cents
vingts-cinq arpent de terre. La propriétée de
votre tante vaux quelques milles écus. Elle voulais
la vendre en mille huit cents trois. Sa terre est
à quatre mille de Valence. Je vous remercie milles
fois des milles écus que vous m'avez donnés. Ma
femme vous fait milles compliments. On comptes
sur la terre plus de neuf cents cinquante million
d'hommes. J'ai reçu, en mille huit cents vingts-
cinq, deux milles livres de laine fine venant
d'Espagne. J'en recevrai encore cinq ou six cent,
l'an mille nuit cents vingt-huit. Se philosophe as
débité milles insultes contre la religion catholique.
Bayard fût tué en mille cinq cents vingts-trois.

THÈME TROISIÈME.

Ce diamant vaux cents vingts piéces d'or de
vingts francs. L'orfèvre qui me l'a vendu en as
encore chez lui trois cent on quatre cent de même
prix. Nous étions trois cent écoliers au collége
de Rouen. L'ennemi as perdu dans cet bataille
vingts-cinq milles hommes et trois milles chevaux.
Mon ami as milles trois cents vingts volumes dans
sa bibliothèque. Henri-Quatre naquit à Pau, en
mille cinq cents cinquante-trois. Voilà un bijou
qui vaux trois cent louis d'or. Plus de six cents
vingts personnes se sont présenté pour l'acheter.
Votre cousin demeures à huit cents soixante-trois
pas de ce village, située à deux mille de Soissons;
il possèdent cet terre depuis mille sept cents
quatre vingts-dix. Voilà un fermier qui as huit
milles bêtes à corne, vingts-cinq chevaux de
laboure; il en avais trente, en mille huit cents

vingts-quatre; il en as perdu cinq, en mille huit cents vingts-cinq. Le maréchal de Vauban, le plus grand ingénieure qui ait jamais été, naquis en mille six cents trois; il as fortifié trois cent places anciennes; il c'est trouvée à cents quarante actions.

III. — DE L'ACCORD DES ADJECTIFS
AVEC LES NOMS COLLECTIFS.

RÈGLES. 1.° *L'adjectif et le verbe s'accordent toujours avec le collectif général.*

2.° *L'adjectif et le verbe s'accordent toujours avec le nom qui suit le collectif partitif, et jamais avec ce collectif.*

THÈME PREMIER.

L'armée des barbares s'avancèrent jusqu'au milieu de la France, pour ravager le pays. Une multitude d'hommes semblable à des brigrands est venu afin d'exciter une révoltes, ou afin de nous voler. Un grand nombre de personnes croit que le bonheur consistent dans les richesses. — Une infinité de personnes respecte le riche et méprise le pauvre. La plupart des historiens du siècle de Louis XIV dit que ce prince eût pour les savants une estime toute particulière. Peu de personnes connaît la route qui mene à la vertu; parmi celles qui la connaisse, il en est peu qui la suit. Mon ami, une quinzaine de lignes ne suffit pas pour vous occuper; on en donnes souvent une quarantaine à vos condisciples, et elle n'est pas suffisante. L'armée innombrable des russes dispersèrent les Espagnols. Cette société de savants ont illustré la patrie. Cet troupe d'Espagnols se sont répandus dans nos villes. Beaucoup de poëtes a célébré la fourmi; la plupart de ses écoliers ne la prend pas pour modèle. La plupart des hommes se donne beaucoup de peine, et ne 'ouit pas de la vie. Cette assemblée de docteurs sont réunis pour décider une grande question.

as-t-on parlé de cet armée de barbares qui

ont ravagé les provinces méridionales? Nombre
de pauvres est mort de faim cette année. Une
dizaine d'hommes a été occupé à cet besogne;
une demi douzaine suffirais pour la faire.

THÈME SECOND.

Une compagnie des cuirassiers de la Garde sont
arrivés hier à Orléans. Une multitude de personnes est allée sur la route pour les voir
arriver. Il y as en Auvergne un grand nombre
d'étang qui donnes beaucoup de poissons. —
Beaucoup d'historiens a parlé de cet horde de
Cortès, qui a causé tant de mals à l'Espagne. Cet
nation de fanatiques ont fait périr cruellement
tous les étrangers qui se trouvait chez elle.
Aujourd'hui, monsieur, nombre de vos élèves
n'avait pas fait son devoir, peu d'entre eux l'avait
bien fait. Peu d'écoliers connaît le prix du travail.
Un peuple de guerriers enfantent des héros. Une
nuée de sauterelles ravagèrent l'Egypte. Nombre
d'historiens l'a ainsi rapporté. La plupart des
femmes ne sait pas garder le secret; nombre
d'hommes les imite. Une vingtaine de jours ne
suffit pas pour aller de Paris à Buénos-Ayres.
Un bois de tilleuls se sont offerts à ma vue. Une
multitude d'hommes s'est réunie ici, pour parler
d'une affaire importantes. La plupart d'entr'eux
n'a pas été de mon avis. Peu d'historiens a cherché à justifier Charles IX du massacre de la
Saint-Barthélemi. On sais qu'alors nombre de
protestants est monté sur l'échafaud. Cette essaim
de sauvages dépeuplent toute la contrée voisines.
Une infinité de personnes se plaint du triste état
où es le commerce. Une bande de voleurs se sons
emparés de la ville. Cette secte de philosophes ont
pensé ainsi. Une forêt de chênes vinrent frapper
mes regards.

THÈME TROISIÈME.

Cette ville de savants ont fait des grandes
découvertes. Peu d'hommes a lu les ouvrages

de nos savants géologues. Nombres de personnes se croit savants, et ne sait rien. Cette société de gens de lettres ont composé plusieurs ouvrages qui sont fort estimé. — La plupart des historiens de nos jours à l'âme vénal. Une troupe de corsaires ravagea les côtes de la Sicile. Trop d'enfants croit qu'il leur importe peu de travailler. Peu de Français connaît bien l'histoire de sa patrie. Nombre d'auteurs l'a écrite, mais peu d'entr'eux l'a bien fait. Un essaim d'abeilles sont sorties tout en bourdonnant de la ruches. Beaucoup de voyageurs rapporte que l'on vois encore dans la Grèce des beaux restes de l'antiquitée. Une meute de chiens ont été lancés dans le bois que nous voyont. Peu de personnes étudie la langue grecque; cependant la plupart des hommes de lettres enseigne qu'elle est très-utiles. Ce peuple d'ignorants commettent bien des fautes. Trop de jeunes gens néglige les mathématiques, science importante, et qu'il es indispensable de savoir. Une grêle de pierres tombèrent sur les Philistins. La plupart des historiens ecclésiastiques ne nie pas que les papes ayent quelquefois abusé du pouvoir. Cet compagnie de religieux ont rendu de grands services au lettres. Une infinité de personnes pense que le travail es un trésor.

IV. — DES ADJECTIFS *tout* ET *quelque*.

RÈGLES. 1.º *L'adjectif* tout *devient adverbe devant un autre adjectif; et cependant il reçoit pour euphonie le genre et le nombre devant un adjectif féminin qui commence par une consonne ou par une h aspirée.*

2.º *Quelque, invariable devant un adjectif, variable devant un substantif, forme deux mots devant un verbe, et le mot* quel *s'accorde avec le substantif qui suit, lors même que le verbe est précédé de son pronom.*

THÈME PREMIER.

Mes sœurs tout généreuses qu'elle sont, toutes

affables qu’elle semblent, se sont montré inflexible. Cette nation qui est tout guerrière, a été tout honteuse de se voir vaincue. Quelques savants que soyent les hommes, quelque biens qu’ils ayent, quelque soit leur puissance, ils périssent tous également. — Les biens quelqu’ils soyent, sont périssable. Quelques prudents que soit la plupart des hommes, il ne doive rien entreprendre sans avoir consulté. Quelque soit les forces d’un tyran, quelle que valeur qu’il déployes dans les combats, quelque soit son autorité, quelque largesses qu’il fasses, il est toujours méprisée des hommes vertueux. Ses jeunes personnes, quelqu’elles soient, mérites des reproches. La maison que j’habite est toute autre que celle que j’habitait l’année dernière. Vos sœurs, toutes aimables qu’elles soyent, ne plaises pas à tout le monde. Cet pincesse fut toute étonnée, tout surprise, quand on lui annonçat que les officiers du roi, touts braves qu’ils étaient, avait été vaincu par l’ennemi, quel que lâche qu’il fût. Craignez les trompeures, quelqu’ils soient aux yeux du monde. Quelle qu’estimable que soit la vertu, les avares y ons toujours préféré les richesses. Quelles que complaisances que nous ayont pour les méchants, quelque preuves d’amitiéc que nous leur donniont, ils sont toujours ingrats, quelque soit les bienfaits qu’ils ons reçus de nous. Quelque soit la mémoire do cet enfant, il oublient bien des choses, toute faciles qu’elles soit. Ces hommes, quelqu’ils soient, sont vos frères.

THÊME SECOND.

D’où vients Mélanic ? elle as la figure toute écorchée, quelque parties du corps toutes ensanglantées. Julien, quelques soient les compagnies que tu fréquentent, quelques grossiers que soient ceux avec qui tu te trouve, soit toujours poli. Quelque soit cet pièce de drap, je ne croie pas qu’elle puisses vous convenir. — Messieurs,

quelque soit votre savoir, soyez toujours modeste.
Les impies quelqu'ils soient, sont à craindre.
Hommes puissant, quelque soient vos richesses,
vous descendrai dans la tombe; quelque soient
la frayeur que la mort vous inspirent, vous n'y
échapperai pas. Cet jeune personne est tout
chagrine, tout désolée de la perte qu'elle viens
de faire; elle est toute accablée par la douleure.
Son âme fût toute abattue à la nouvelle de la
mort de ces frères. Quelle que malice qu'ayent
les hommes, ils ne peuve rien contre le créateure.
Aimez vos parents, quelqu'ils soyent à votre
égard. Mon fils, quelque soit ta situation dans le
monde, quelque richesses que tu y possède,
quelques riches personnes que tu y fréquente, sou-
viens-toi de ton premier état, quel que dure qu'il
aie été. Voilà des estampes qui, tout belles qu'elle
soyent, ne me plaises pas. Ecoutez vos maîtres,
quelqu'ils soyent. Ses personnes, tout complaisantes qu'elle soyent, quelles que belles promesses
qu'elles me fasse, ne pourrons jamais me gagner.
Voici une cabane toute endommagée, tout
fracassé, tout brisée par l'orage; cet maison en
as été aussi toute abolie. Tous les hommes sont
mortelles quelqu'ils soyent.

THÈME TROISIÈME.

Cet tempête, tout violente qu'elle aie été, n'as
pas fait beaucoup de mal. La science es un bien
que les hommes ne saurait nous ravir, quelques
méchants qu'ils soyent, quelque soit leur malice.
Je suit allé voir ma cousine, quelque soit la
distance qui me séparas d'elle. Je l'ai trouvée tout
malade, toute affligée, toute inconsolable de la
perte de sa petite-fille. Quelques ingrats que soyent
la plupart des hommes, il ne faut pas laisser de
les secourir dans tous leur besoins, quel qu'ils
soient. Méprisez les honneurs, quelqu'ils puisses
être, et les dignités quelqu'elles soient à nos
yeux. L'histoire de Charles XII, roi de Suède,

est tout remplie de fait merveilleux ; elle as été
toute embellie par l'auteur. N'écoutez pas les
flatteurs quelqu'ils soyent. Les hommes, quels que
savants qu'ils soient, quelques soit les connaissances qu'ils ons de l'avenir dans l'ordre physique,
tombes pourtant dans bien des erreures. Voilà
une pauvre femme tout pâle, toute en pleurs,
toute ensanglantée, tout triste, toute abattue du
malheure qui vient de lui arriver. La science
humaine, quelquelle soit, n'est rien en comparaison de celles de Dieu ; car celle-ci est tout
sainte, toute aimable, tout sage, toute impéné-
trable à ceux qui ons le cœure droit. Fuyez les
hommes, quels qu'estimables qu'ils paraisses,
quels qu'obligeants qu'ils soit. Votre fortune,
quelqu'elle soit, est périssable.

V. — Des adjectifs *demi*, *sûr*, *mûr*,
et du participe *dû*.

Règles. 1.° *L'adjectif* demi *ne s'accorde que
lorsqu'il est placé après le substantif :* une heure
et demie ; *mais on dit,* une demi-heure, *avec
un trait d'union.*

2.° *L'adjectif* sûr *signifiant* certain, *l'adjectif*
mûr *exprimant l'état de maturité, et le participe*
dû, *prennent l'accent circonflexe sur l'u.*

THÈME PREMIER.

Il as tonné pendant deux heures et demi ; la
pluie n'a tombé que pendant une demie heure.
Cette nouvelle n'es pas sure. Ces prunes sont
sûres, parce qu'elle ne sont pas encore mures.
Les mûrs de Jéricho s'écroulères d'eux-même.
Si vous m'attendiez une demie journée, j'irait
voir ma sœur qui est tout malade. L'honneure
n'est du qu'au vrai mérite des philosophes. — Il
y as d'ici à Paris vingt-neuf lieues et demi. Nous
somme à une demie lieue d'Avesnes. A quel âge

les jeunes gens sont-ils murs? Cet route est-elle sure? Les confitures sont devenu sûres. Vous êtes assis sûr mon lit, je vous pris de vous lever. Les mûrs de Paris ne répondent guère à l'idée qu'on s'en fais. Mettez-vous sûr vos gardes, ce bois n'est pas sur; on y as trouvé des voleures. Il est arrivé, à une demie portée de fusil d'ici, un accident effroyables. Nous avons déjà fait plus de deux lieues et demi. Une demie minute contient trente seconde. Un louis m'est du de la part du seigneure de ce pays. Cet orange n'est pas mure; elle est amer et sûre. Les mûrs de ce jardin ne sont pas assez élevé. Tytire était étendu sûr le gazon. L'hommage de nos cœures n'est du qu'au roi du ciel. Ma grand'mère est sure de réussir. Nous n'avont obtenu de voir le roi, qu'à force de prières, et au bout d'une demie heure.

THÊME SECOND.

Vous donnerez à se cheval une demie botte de foin et une mesure et demi d'avoine. Nous avont reçu une demie pistole, et demain nous receverons deux pistoles et demi. Êtes-vous surs de la véritée de ce que vous dites sûr le compte de votre parent? Cet ville a des mûrs, des portes et des remparts. La route la plus sure pour parvenir à son but, c'est celle de la véritée. A une lieue et demi de la ville est un mausolée. A une demie stade de Rome était campé l'armée des Gaulois, commandé par Brennus. Les cerises sont déjà mures; nous en mangeront tout à loisire. J'en ai acheté une demie livre, et toi, une livre et demi. Comme ses poires sont sures; elles pendent sûr le mûr du clôs. Cet pièce de vigne, situé à une demie lieue d'ici, es très-fertile et rapportent un produit sur; on gagnent peu cependant sûr la culture des vignes Voici une cuvée et demi de vin, l'année dernière nous n'en pûme faire qu'une demi cuvée.

VI. — Accord de l'adjectif
avec le mot *gens*.

Règle. *Le substantif* gens *veut au masculin l'adjectif qui le suit, et au féminin celui qui le précède, excepté l'adjectif* tout *qui reste masculin.*

VII. — Suppression de l'*e*
dans l'adjectif *grande*.

Règle. *On supprime quelquefois l'e dans l'adjectif féminin* grande; *mais alors on indique cette suppression par une apostrophe.*

THÈME PREMIER.

Toutes ses gens sont foles. Voilà de mauvais gens. Ma grande-mère qui est malade, ne nous accorde qu'à grande peine de la voir. Cette grande-porte est plus haute que celle qui est dans notre coure. La grande-route n'est pas loin d'ici. Vous avez plusieurs grandes-tantes. Nous avons deux grandes-tantes du côté maternelle, et une seul grande-tante du côté paternelle. Toutes les gens de bien seront de mon avis; mais toutes les gens méchantes me blâmerons. J'aimes à voir les bons gens de la campagne donner de bon cœure tout ce qu'ils ons. Voici la grande-grille du château; arrêtont-nous pour attendre que le cortége du roi soit défilé; après cela nous iront sur la grande-place du Carrousel voir manœuvrer l'infanterie. Toutes nos gens sont aussi laborieuses que nous pouvont le désirer. Les excellents gens ! Vous viendrez nous trouver au coin de la grande-pièce. J'ai vu M. votre père dans la grande-rue. Ce n'est qu'à grande peine que je l'ai reconnu. J'aimes et j'estimes toutes les gens de bien. Ses méchants gens me fons pitiée. Vous trouverez dans se pays des gens toujours prêtes à rendre service. Toutes les gens de mauvaise vie blâmes la conduite des vieils gens qui improuves leurs vices. Les gens voluptueuses

passés leur vie comme des animals. Les pieux
gens qui sont l'exemple de toutes les gens de bien
du pays, sont charitables et compatissantes. Les
jeunes gens sont légères et étourdies. La grande-
salle est pleine de juges et d'avocat. N'allez point
dans la grande-coure, parce qu'il y as un chien
enragée. Diogène traversais la grande - place
d'Athènes avec une lanterne allumé au milieu du
joure; et comme des gens curieuses s'en étonnait:
« je cherches un homme, leur dit-il.» Ma grande-
mère est très vieil. Ses pauvres gens ne fons point
grande-chère ; je les voie avec grande pitié. Nous
iront le jour de Pâques à la grande-messe dans la
métropole de la grande-ville. La grande-chambre
est rempli de convives. Toutes nos gens ne sont pas
véritablement paresseuses ; elles sont au contraire
assez actives. Les gens fourbes ne sont pas crues ,
lors même qu'elles disent la véritée. Ses gens
infortunées ont éprouvé toute sortes de malheurs.
Ils réparront à grande peine les pertes qu'ils ons
faites. Ayons grande pitiée de ses pauvres gens
qui ont été mal servies par la fortune. Tout le
monde as vu ses malheurs avec grande peine.
Ces braves gens sont estimées de tout leur
concitoyens. Toutes vos gens sont prévenantes et
flatteuses.

VIII. — DE L'ADJECTIF POSSESSIF
son, sa, ses, leur, leurs.

RÈGLES. 1.º *Après un nom de choses il ne faut
se servir de l'adjectif possessif son, sa, ses, leur,
leurs, qu'autant que ce nom est exprimé dans la
même proposition comme sujet.*

2.º *Mais si les substantifs que déterminent ces
pronoms ne sont pas les sujets des propositions
où ils se trouvent, on les remplace par l'article
et le pronom en, excepté lorsqu'ils sont régis par
une préposition.*

THÈME PREMIER.

Lisez cet histoire, ses détails sont curieux.

Examinez cet pièce de vers , ses défauts sont grand. Recherchés la politesse , ses avantages sont précieux. Cet maison es superbe , j'admires sa beautée. Cet ville es très-bèle , j'en suis émerveillé de la magnificence. Cet conférence que vous avés eue avec votre ami , au sujet de cet affaire dont nous nous nous étions entretenu , as été fort longue ; mais , dite-nous quel as été son résultat. Voilà des arbres qui ont été planté par mon père, leurs fruits sont bons. Ce jardin es grand , j'en admires l'étendue des murs. Étudiez cet grammaire , ses principes sont excellents. Écoutez bien cet leçon , ses démonstrations sont clairs et précise. Refaite ce travail , son but est manqué. Prenez cet arithmétique, ses définitions sont juste. Voici de beau pommiers, leurs fruits sont bon. Visitez ce château , le luxe des appartements en est grand. Considérez ces ouvrages , leurs beautées sont rares.

THÈME SECOND.

Aimez le travail , ses avantages sont nécessaire. Fuyez la paresse , ses suites sont funeste. Le palais des Tuilleries est ancien, j'en estime la richesse de l'architecture. Pratiquez la vertu , ses charmes sont admirable. Ayez le vice en horreure, ses conséquence sont nuisible. Je lit souvent ce volume, parce que son impression est net. La vie est un pélerinage, ses accidents sont varié. Ce pays est bon et sain , ses richesse sont immense. Passont par le parc de Saint-Cloud , la beautée des allées en est merveilleuse. Ce bâtiment es neuf, ses murs sont solide. Voici une vieil cabane, sa couverture est presque entièrement détruit. Cet statue est colossal ; qui n'en admirerait les justes proportions des formes ? Cet guerre commença assez bien , mais ses suites fures fâcheuses. Le violon dont vous vous éte servi ce matin est excellent , j'en suis enchanté de l'harmonie des sons.

IX. — OBSERVATION.

RÈGLE. *Le même substantif ne peut servir de régime à deux adjectifs, que lorsqu'ils veulent après eux la même proposition.*

THÊME PREMIER.

Ce jeune homme es propre et content du métier de la guerre. Faite vous un devoir d'être dociles et respectueux envers vos maîtres. Soyez honnête et bons pour les pauvres. Cet femme est habile et porté naturellement à la musique. Ses soldats sont nés et avide de combats. Ces gens sont enclins et content du mal. Mon mentor es un homme utile et digne de sa famille. Vous ête curieux et inhabile dans la musique. Soyez ému et compatissants au malheure de ses infortunés. Les jeune gens sont ordinairement amateurs et porté au changement. Je suis chéri et agréable à mes parents. Tout les assistants étant touché et excité à la compassion par la misère de se soldat, le secourure après avoir entendu le récit de ces revers. Il voudrais être aimé et charitable envers tout les pauvres de ce pays. Je suis admirateure et ignorant dans l'art de peindre sur toile. Cet dame est avide et porté à la lecture.

THÊME SECOND.

Nous somme tous amis et accoutumés au travail. Ces jeunes personnes sont habitué et désireuses des délices de la vie. Il est du devoir du bon citoyen de tâcher d'être utile et estimé de tout ceux qui lui touches de près. Pour être agréable et chéri de tous le monde, il faut savoir supporter les humeures de chacun. J'ai toujours été amateure et enclin à l'oisivetée. Vous ête curieux, mais peu habile dans la géographie. Soyez généreux et ami des malheureux. Tout les hommes ne sont pas propres ni admirateures des même choses. Ces écoliers sont docile, mais mal

poli envers leurs maîtres. Qui n'admirerais pas
la conduite de cet demoiselle? elle veut être
aimé et utile à sa sœure. Il es difficile d'être tout
à la fois estimé et odieux aux même personnes.
Est-il rien de plus beaux que d'être chéri et
généreux envers ceux de qui l'on as reçu le jour.
Ce général étais né et capable de grand desseins.
Vous ête parent et dévoué à mon neveu, je suit
fort aise de cela. Ces enfants serons indignes et
inutiles à la patrie.

DES PRONOMS.

I. — DES PRONOMS *vous*, ET *le, la, les.*

RÈGLES. 1.° Vous, *employé pour tu, veut le
verbe au pluriel; mais l'adjectif qui suit reste
au singulier.*

2.° *Le pronom* le, la, les, *s'accorde en genre
et en nombre avec son antécédent; mais il ne
prend ni genre ni nombre quand il tient la place
d'un adjectif ou d'un substantif pris adjective-
ment.*

THÈME PREMIER.

Monsieur, vous n'êtes point estimés, parce
que vous n'avés aucune qualitée estimable. Ma
chère fille, vous ne serez point tranquilles, tant
que nous n'auront point chassé ce serviteure mal
intentionné qui ne cherches qu'à vous faire de
mauvais toures. Mes amis, ête-vous disposés à
partir? Oui, nous les sommes. Et vous, madame,
ête-vous prête à venir? Oui, je la suis. Victoire
est-tu contente? Oui, je la suis. Est-tu la
maîtresse de tes domestique? Oui, je le suis.
Messieur, ête vous les enfants de monsieur Simon?
Oui, nous le sommes. Ête-vous les cousins de
monsieur Louis? Oui, nous le sommes. Vous
n'ête point charitables, mon enfant; vous ne
serez point aimés des pauvres. Ma tante, vous
n'avez point toujours été riches, et vous n'avez
pas toujours été heureuses comme vous la serez

maintenant. Portont-nous des secours mutuel, autant que nous les pourrons. Ête-vous maîtresse de pension ? Oui, je la suis. Et vous, mademoiselle ête-vous la maîtresse de Rose ? Oui , je le suis.

> Épouse, j'aspirait à me voire bientôt mère.
> Je la suis…. Ah ! jamais fût-il faveure plus chère !

THÈME SECOND.

Si vous vous conduisez toujours de cet sorte, je vous traiterez comme vous méritez de les être. Monsieur veut que je partes, et vous ne le voulez pas. Ête-vous la maîtresse ? Je le suis. Où trouveraient-on une femme plus heureuse que je ne la suis. Madame, ête-vous maîtresse de votre mari comme je la suis du mien ? Oui, je la suis. Maman, disais Florence, je ne veux point être marié, je ne la serez point. Messieurs, ête-vous les propriétaires de cet terre? Oui, nous le sommes. Ête-vous les auteurs de cet comédie ? Oui, nous le sommes. Mademoiselle, ête-vous la fille de monsieur Géronte? Oui, je le suis. Ête-vous marié? Non, je ne la suis point. Ête-vous riche? Oui, je la suis. Est-ce vous qui ête la mère de ses enfants? Oui, je le suis. Vous n'ête pas maîtresse de leurs action ? Non, je ne la suis point. Ête-vous les cousins de Jules ? Oui, nous le sommes. Ête-vous les amis de son père? Non, nous ne le sommes pas. Avez-vous été blamés de votre conduite, mon frère ? Tâchont de nous instruire les uns les autres, autant que nous les pouvons.

II. — DES PRONOMS *qui, que, en, y.*

RÈGLES. 1.° Qui *relatif est toujours de la même personne que son antécédent.*

2.° Qui, *précédé d'une préposition, ne se dit jamais des choses ni des animaux, mais seulement des personnes et des choses personnifiées.*

3.° Que *s'emploie au lieu de* qui *après un régime indirect.*

4.° *Les pronoms relatifs* en , y, *servent à*

remplacer les pronoms personnels lui , leur , elle , eux , elles , *qui ne peuvent être employés comme régimes indirects , que devant les noms de personnes ou de choses personnifiées.*

THÈME PREMIER.

Ce n'est pas moi qui se fera prier pour obéir aux ordre du prince. Vous ête le seul écolier qui m'ayez donné quelque satisfaction : aussi, comme vous le savez, c'est moi qui s'intéresse à vous plus qu'à vos condisciple. Jules , vous ête l'enfant qui avez reçu cet année plus d'éloges que vos camarade. Nous étions hier au soir en promenade les mêmes élèves qui avions manqué à leur professeure jeudi dernier. Le jour de St.-Charles nous étions les dix écoliers qui dansions chacun à leur toure. Ne comptes pas sur les autres , mon fils , disais une mère à son enfant ; il n'y as que moi qui s'occupe de ton bonheur. Serez-vous , monsieur , le premier qui porterez un remède à ces maux qui jusqu'ici n'ont pu être guéri. C'est vous qui a parlé ainsi. Oui , c'est toi qui sut se faire aimer ! Oui , cest toi qui osat m'abandonner ! Je suis , disais Rousseau , le premier qui aie cherché à ramener les hommes à la religion naturel. N'est-ce pas toi seul qui a rédigé ce mémoire ?

THÈME SECOND.

Votre mérite à qui chacun croit, est encore plus grand qu'on ne se l'imagine ; et les ouvrages à qui vous avez donné vos soins , sont beaucoup plus important qu'on ne les pense. Respectons toujours la véritée à qui nous devont les plus grand égard ; méprisons toujours le mensonge à qui nous devont le plus grand mépris. Il y as des choses sur qui nous ne pouvons rien et à qui nous ne deverions jamais penser. Messieurs , la lecture à qui vous vous livrez n'es pas aussi bonne que vous la croyez. Je voie avec peine que vous négligez la chose à qui vous deveriez donner tout vos soins. A qui appartiens ce beau cheval sur qui vous ête monté ? Et la selle sur qui vous ête assis , à qui est-elle ? L'étude de l'histoire à qui vous prenez tant de plaisire , vous seras toujours fort utile. La langue à qui nous devont le plus, c'es la langue grèque. Les mulets sur qui l'on avaient chargé nos paquets, n'ons jamais voulu passer les premiers.

THÈME TROISIÈME.

C'est à vous à qui je m'adresse , messieurs, pour savoir à qui appartiens le joli cheval sur qui votre cousine était monté. C'est à toi à qui j'ai ordonné d'aller chercher mes livre. C'est à eux à qui je veux raconter l'histoire que nous venont de lire. C'est à toi à qui je laisserez en mourant tout les biens que je posséde. Est-ce à vous à qui l'on as dit d'aller ce soir se promener? C'est de lui dont on dis tant de mal. C'est à elles à qui je me suit adressé. C'est au ministre à qui j'ai écrit pour mon ouvrage , et c'est de lui dont j'ai reçu réponse il y as quelques joures. C'est au prince à qui j'ai eu l'honneure de parler , et c'est de lui dont j'espére obtenir la grâce que je demandes. C'est à nous à qui l'on viens d'apprendre la mort de se pauvre garçon. Edmond , c'est à vous à qui j'ai donné quelques cents vers. Messieurs , est-ce à moi à qui vous avez confié le soin de ses enfants ? Oui , monsieur , c'est à vous à qui nous les avont confiés, et c'est à vous à qui nous les recommandont jusqu'à nouvelle ordre. Est ce à nous à qui l'on as osé dire tant de choses si fausse ? Est-ce à lui à qui l'on as donné tant d'éloges si peu méritées ?

THÈME QUATRIÈME.

Je croie que ce cheval est fougueux, n'approchez pas de lui. Se mulet me semble rétif, ne vous servez pas de lui. Cet vache paraît bonc, nous ne nous déferons pas d'elle. Ce précipice es affreux , éloignez-vous de lui. Cet guerre fut désastreuse , ne parlez pas d'elle. Les mathématiques sont très-nécessaires , je leur donnerez tout mes soins. Cet science est fort belle , je lui consacrerez une partie de mon temps. Ses appartements ne sont plus frais, je leur ferez rendre l'éclat qu'ils ons perdu. Ces récréations sont fort amusante, livrez-vous à elle, autant que vous les pourrez. Le sort nous accables, plaignons-nous de lui. Ces livres sont déchiré , je leur ferez remettre les feuilles qui leur manque. Se chien n'est pas méchant, vous pouvez vous approcher de lui. Cet haie est vive , éloignez vous d'elle. Ses bœufs sont très-gras, n'attendez plus d'eux aucun service. L'éléphant es le plus intelligent de tout les animaux ; ne dite pas de mal de lui en sa présence, car il vous maltraitrait.

III. — DES PRONOMS *soi , ce.*

RÈGLES. 1.º *Le pronom réfléchi* soi *ne s'emploie qu'après un sujet vague et indéterminé, comme* on , chacun , ce, *etc.*

2.º *Le pronom démonstratif* ce, *devant le verbe* être, *veut ce verbe au singulier, excepté quand il est suivi de la troisième personne plurielle.*

THÈME PREMIER.

Quiconque n'aime que lui n'est pas digne de vivre. Il est bien juste que chacun pense pour lui. Ne rendre service à personne et ne songer qu'à lui, c'est le propre d'un méchant citoyen. Ne vivre que pour lui, c'est l'ordinaire de l'égoïste. On voit rarement quelqu'un mal parler de lui , à dessein de se nuire. Tel parle de lui avec avantage, qui ne laisses aucune bonne idée de sa personne. Pas un de nous n'estime que lui. L'un et l'autre pensèrent à eux. Qui que ce soit qui vous entretienne long-temps de lui, ne dois vous inspirer aucune confiance. Aucun de vous ne songait à lui, et vous aviez grand tort. Chacun de ces messieurs comptes peu sur lui. Personne ne doit dire d'autrui ce qu'il n'aimeraient pas à entendre dire de lui. Ne pas vouloir parler de lui, c'est le propre de l'homme modeste. En parlant trop avantageusement de lui, pas un ne réussit à se faire une bone réputation.

THÊME SECOND.

C'est moi qui te prévient du malheure qui peut t'arriver ; retient bien que ce sont nous seuls qui pouvont l'empêcher. C'est toi qui arrive avec beaucoup d'empressement accompagné de ton frère ; mais ce ne sont pas vous que j'attendait. C'est mon père qui as fait bâtir la joli maison que nous habitont, et c'est mes frères qui l'ons fait embellir comme elle es. N'est-ce point vos bois que l'on aperçcis d'ici ? C'est les équipages du prince qui embarrasses la route. Ce sont vous, messieurs, et ce ne sont pas nous que l'on demandent. Sont-ce vous, ou nous, qui irez à la chasse tout-à-l'heure. C'est de si grands maux qui ont exercé ma patience ! C'est elles-mêmes qui nous voyont venir de loin il n'y a qu'un instant. C'est nos premiers parents, Adam et Ève, qui nous ons exposés à la damnation. C'est les élèves de monsieur qui ons commis le dégât dont on nous accusent. C'est les siècles à venir qui jugeront sans partialitée les grands hommes qui ons paru de nos jours, et qui ons pour jamais illustré leur nom et leur pays. Ce ne sont point vous, ce ne sont point nous qui pouvez les juger.

IV — DES PRONOMS *celui-ci*, *celui-là*, *ceci*, *cela*, *personne*, *chacun*, *quelqu'un*.

(*Voir* la grammaire, pago 191 et 192.)

THÊME.

Pauline est gaie, Julie est triste : celle là

pleure toujours, celle-ci rit sans cesse. Personne n'es plus heureuse que vous. Voici une personne comblé de toute les faveures du sort. Un chacun en a parlé. C'est un quelqu'un qui n'est pas sot. Auguste était bon, Néron était cruel : celui-là fut exécré des Romains, celui-ci en fut chéri. Vous avez sans doute connu cet personne ; il est devenu aussi malheureux qu'on peux l'être dans la vie. Personne ne fut plus aimée ni plus estimée que monsieur votre père. C'est à un chacun que j'ai entendu raconter cet nouvelle ; j'ignore si elle est vrai ou fausse. Cet homme est un quelqu'un comme il faut, ne cherchés point à lui faire de peine. Nous avont vu des danseures de corde, et nous avont entendu des joueures d'instruments : ceux-là charmaient nos oreilles, et ceux-ci récréaieut nos yeux. Si vous agissiez ainsi, que dirait un chacun ? Que pensez-vous de cet homme ? est-ce un quelqu'un en qui l'on puisses mettre sa confiance ? Quel personne fut plus chéri de ses enfants que madame votre mère ? Personne ne fut plus étonnée que moi, lorsque j'apprit de quel manière s'était terminé l'affaire.

V. — DU PRONOM PERSONNEL *leur*, ET DES PRONOMS POSSESSIFS *le nôtre, le vôtre*.

RÈGLES. 1.° *Leur, pronom ou adjectif possessif, s'accorde avec le substantif auquel il se rapporte ; mais leur, pronom de la troisième personne, ne prend jamais s devant un verbe.*

2.° *Le pronom* nôtre, vôtre, *prend l'accent circonflexe, au lieu que l'adjectif* notre, votre, *ne le prend point.*

THÊME PREMIER.

Ses jeunes gens ont profité des leçons qui leurs ont été données. Les habitants de la ville ont leur plaisirs, et ceux de la campagne ont les leur. Ces élèves ons leur défauts, et les autres ons aussi les leur. Les livres qui leurs ont été prêtés sont les notres et non les votres. Se cahier n'est pas le notre, c'est sans doute le votre. — Nôtre maison est voisine de la votre. Vôtre jardin n'est pas loin du notre. Allez trouver nôtre père et nôtre mère; vous leurs direz que s'ils ons des peines, nous avont aussi les notres, et que tous les hommes ons les leur. Notre propriétée qui est situé au bord de la grande route est fort bèle. Ses bons gens ons soin de fuir la compagnie des gens perverses et corrompues. Lorsque je verrai vos ami, je leurs dirai que vous suivez leurs avis et non les notres, je leurs déclarrai que les volumes que vous avez chez vous sont les notres et non les votres. Notre général a harangué ces soldats, et leurs a dit : « combattez vaillament pour vôtre gloire et pour la notre. Nôtre raison nous dis que si nos princes ons leur jouissances, ils ont aussi leur chagrins qui sont souvent plus cruelles que les notres. Ecrivez à vôtre père et à vôtre mère, vous leurs annoncerez que vôtre chambre est voisine de la notre.

THÊME SECOND.

Ces enfants ont bien compris les règles qui leurs ont été expliquées; j'ai corrigé leur fautes qui n'était pas nombreuse. Cet histoire est la votre et non la notre. Notre vie est rempli d'amertune. Si les hommes me demandait si la vie est un bien, je leurs répondrais que cette question n'es pas faciles à résoudre. — Il est des parens qui ons bien des chagrins; leur enfants, qui ont leur vices comme les nôtres ont les leurs, leurs donnent tout les jours des sujets de plainte; ils leurs dises même des paroles durs. Votre cousine a acheté une terre près de la notre. Malheur aux pères qui ons des enfants paresseux, et qui ne leurs font pas sentir l'importance du travail. Je pardonnerez à mes ennemis; pardonnerai-vous aux votres ? Voilà nôtre cousin et non le votre. Nôtre âme est créé

7

à l'image de Dieu. Quelque hommes révoques en
doute cette véritée ; nous leur diront : « si cette
croyance n'est pas la votre, elle est la notre », et
nous leurs demanderont s'ils n'ont pas honte de
nier l'immortalitée de cet âme. Si nous avont des
préjugés, ces hommes ont les leur. Nôtre vie passent comme l'ombre.

VI. — Du pronom indéfini *on*.

(Voir la grammaire, pages 195 et 194.)

THÊME.

On ne peut être plus insensé que cet jeune
personne. Si on vous parlent de nous, ayez soin
de dire que vous ne savez pas où on nous as
conduits. On aiment les écoliers studieux, et on
se plait à leurs donner des éloges. On vous as
vus sortir, et l'on me l'a dit. Je ne sais si on
pourrais mal interpréter cet action ; si l'on la
considérait bien attentivement, on n'y trouverais
que quelque chose de louable. Venez, ou on vous
entraînera de force. Cachez-vous où on vous dira
de rester. C'est ici la place où l'on l'a exposé au
carcan ; voici celle où l'on l'a exécuté. Est-on
plus sot que cet femme ? Si on venait vous demander de nos nouvelles, dite que vous ne nous
connaissez pas, et on vous laisseras tranquilles.
Si l'on le voyait plus souvent, on ne s'étonnerais
pas de sa manière de parler. Avertissez le qu'il
sois plus sage, ou on sera obligé de le mettre en
prison. Savez-vous où l'on le mène ? Non, mais
je l'ai vu prendre, et l'on le conduit sans doute
au corps-de-garde. Vous resterez à l'endroit où
l'on les a attendus hier. Si on n'amasse pas quand
on est jeune, on risquent bien de mourir pauvre.
Si l'on le connaissait, on se défirait de lui. Où
étais donc ces enfants ? On les as cherchés partout,
et l'on ne les as point trouvés.

DES VERBES.

DE LA PLACE DU SUJET ET DU *t* EUPHONIQUE.

RÈGLES. 1.° On met un trait d'union entre le verbe et le pronom, lorsque celui-ci est placé après le verbe.

2.° On met aussi un trait d'union avant et après le t euphonique, et entre deux pronoms placés après un verbe dont ils sont régimes l'un et l'autre.

THÈME PREMIER.

Tous les enfants savent ils bien que l'orgueil es la marque d'un mauvais caractère? Jules, d'où viens tu? Où veux tu aller ce soir! Où ira tu demain? Gardez vous d'éteindre le feu, Flore; laissez le fumer. Peut on dire que les cordes d'un violon viennes d'elles même ce ranger sur le bois. Lève toi, mon fils, dit le Christ au paralytique, et va t'en dans ta maison. Mon ami, n'a t il donc fallu qu'un mauvais exemple pour te séduire? Ignores tu que ta mère et moi n'approuve pas ta conduite? De quoi s'occupe t on dans ce monde? d'amasser des richesses. Ne faut il pas se donner tant de peines pour des biens périssable? Jules, voilà des bijous que je te donnes, mais cache les bien. Messieurs, nous avont expliqué en quoi consiste les règles de la politesse, observez les. Tient, ma chère Julie, je te donnes une bague; attache la à ton doigt, garde la toujours. Mon cousin, tu m'as appelé, n'est ce pas? Qu'est ce que tu veut! Où était tu hier. Souvient toi que cet homme es méchant, cache lui tes projets. As tu été en classe? Vas y. Allez vous en, messieurs; va t'en aussi, mon frère.

THÈME SECOND.

Humilie toi, pécheure, en présence de ton Dieu. Messieurs, dites nous d'où vous venez?

Faites nous l'amitiée de nous raconter ce que vous avez appris de nouveau. Qui appelle t on philosophe ? Voilà des livre qui ne sont pas à leur place ; mettez les ailleurs. De quoi parle t on dans les colléges, de quoi s'y entretient on ? Du grec et du latin. Faites nous part, mes amis, des connaissance que vous avez acquises. Votre ami viendra t il vous voir demain ? Prenez garde d'éteindre la chandelle ; laissez la bruler. Voilà plusieurs feuille de papier ; lie les et attache les ensemble. Est on venu me demander ? M'a t on écrit ? Ne s'est on pas fâché de se que je n'ai pas répondu à cet lettre ? Tenez, voilà une boîte que je vous donnes ; gardez la comme un souvenire de la plus tendre amitié. Peut on affirmer, sans être fou, que les étoiles ce sont placées d'elles-même au firmament. Faites nous le plaisir de dire à votre cousine qu'elle viennes nous voir. Si votre cousin veux la suivre, laissez le venir. Jésus parlat ainsi à ces apôtres : « allez, leur dit il, annoncez que je suis ressuscités ». Dis moi, mon ami, sais tu que le roi dois aller à Saint-Omer ? Où iras tu voir passer se bon prince ? peut être l'a tu déjà vu ? Cela peut être, mon cher ; fais moi le plaisire de me dire, à ton tour, si tu l'a vu ? Voilà un enfant qui s'amuses ; laissez le jouer, il a assez travaillé ; laissez le faire, c'est un braves enfant. Va t'en, perfide, va t'en loin d'ici.

THÊME TROISIÈME.

Monsieur votre père viendra t il nous faire sa visite ? Avez vous été à Saint-Cloud ? Quand votre frère entrera t il au collége ? Comment se prince parvint il à la couronne ? Pourquoi fut il chassé du trône ? Comment y remonta t il ? En quel année Louis IX monta t il sur le trône ? En quel année mourut il ? Quel événement arriva t il l'an mille huit cents quatre ? Quel raison le coupable à t il pour s'excuser ? En avait il une seul qui fût bone ? Comment s'échappa t il des mains de la gendarmerie ? Est il croyable même qu'il put s'échapper? Est ce un crime que de mentir? Est ce une noble ardeur que celle de la gloire ? Qu'arrivera t il si je cède mes droits ? Que résultera t il des concessions que l'on me proposent de faire ? Peut il y avoir des gens assez sottes pour mépriser la vertu ? Trouverait-on un homme assez imbécille pour préférer le vice à la vertu ? Puis je entrer dans votre cabinet ? La porte est elle ouvert ou fermé ? Pourrai je jamais oublier se que mes parents ont voulu faire pour moi ? Lieux paisibles de mon enfance, ne vous reverrai je donc plus? Hélas ! vous ai je quittés pour toujours ? Quel Dieu ses sauvages adorent ils? Pourquoi cet enfant méprise t il ses parents ? Pourquoi méconnaît il se qu'ils on fait pour lui procurer une bone éducation ? Ne sont ce point les mauvaises compagnies qui l'ont perdu? N'est ce pas la lecture des mauvais livres qui perds la moitiée des jeunes gens ? Le changement que nous méditâme ensemble aura t il lieu ? Ne nous sommes nous point aventurés? Connaissez vous ses écoliers paresseux ? fuyez les méprisez les ; et s'ils vous parles, dites le moi. Avez vous reçu la cassette dont je vous ai parlé ? Lorsque vous la recevrai, envoyez la moi tout de suite. Ne te demande t on pas des livres? Vas y. Portes en. Es tu là ? Restes y.

EMPLOI DU PARFAIT DÉFINI.

(Voir la grammaire, page 196.)

THÈME.

Nous partimes de Paris au commencement de cet semaine. Nous sortîmes ce matin, vers la pointe du jour, et nous vîmes une bande de voleurs qui courait pour se cacher dans la forêt. Je fis beaucoup de bénéfice cet année sur les grains que j'avait achetés l'année dernière. Le mois dernier je recut une grande quantitée de marchandises; je n'en reçus pas autant ce mois-ci. Nous achetâmes

aujourd'hui quelque belles douzaines de mou-
choirs de poche. Nous arrivâmes il n'y a qu'un
instant; nous quittâmes les chasseurs qui était
avec nous, sans pouvoir leur faire nos adieu. Je
logai depuis quinze jours dans cette hôtel; j'en
sortis il y a environ deux heures. Que fîtes vous
dans la première huitaine de ce mois? Où allâtes-
vous? Un scélérat nous poursuivit ce matin, et
nous faillîmes être les victimes de sa cruautée;
Nous nous enfuîmes à toutes jambes, et nous ne
nous arrêtâmes qu'à la porte de notre maison.
Dans le courant de cet année nous éprouvâmes
des accidents divers; nous fîmes du gain dans
différentes circonstances, et nous perdîmes beaucoup d'argent dans d'autres. Vers le commencement de cette automne nous laissâmes la ville
pour venir habiter la campagne, et nous emme-
nâmes avec nous tout notre famille.

CONCORDANCE DES TEMPS DU SUBJONCTIF AVEC CEUX DE *l'indicatif* ET DU *conditionnel*.

(Voir la grammaire, pages 196, 197.)

THÈME PREMIER.

Il fallait que vous veniez plus-tôt, et que vous
preniez la voiture publique. Je doutais que vous
soyez déjà venu, et que vous ayez pris toutes vos
précautions, pour que notre affaire puisses réussir.
Je doutais aussi que vous soyez à même de pouvoir
vous absenter de chez vous, comme il serait
nécessaire que vous le fassiez. Je désirerais, mon
fils, que vous appreniez mieux vos leçons et que
vous contentiez mieux votre maître. Il aurait fallu
que nous ayons moins d'égards pour vous, et que
nous soyons moins indulgents. Je n'ai pas cru
que vous puissiez jamais venir à bout de vous tirer
honorablement de cet entreprise. Je ne m'étais
point imaginé que vous étiez déjà occupé d'une
affaire qui ne doit être terminé que dans un an ou

deux. Auriez vous pensé que ce jeune homme qui avais si bonne mine, était devenu méchant en si peu de temps? Qui aurait jamais cru que vous étiez entré dans la compagnie de ses jeunes libertins que vous paraissiez tant haïr?

THÈME SECOND.

Il fallait que vous fassiez plus d'efforts, messieurs, si vous désiriés remporter des prix. Les lois de Lycurgue ordonnait que les enfants couchent sur la terre nu; elles exigeait qu'ils soient tous élevé en commun, et que les fils des premier magistrats soient soumis à cet ordre; ces lois prescrivaient aussi que les filles soient marié sans dot. Il n'a pas été possible que tout ce qui existent soit créé en seul moment. Il fut nécessaire que monsieur votre père soit présent à la dernière représentation de cette pièce. J'avais souhaité depuis long-temps que vous veniez nous voir, et je n'ai pas encore pu obtenir que vous vous rendissiez à mon désir. Quel homme voudrait qu'on le reprenne pour la moindre faute? A peine eus-je permis que vous sortiez de ce lieu, que vous avez tâché d'obtenir que je vous laisse sortir hors de la maison. Je ne pensais pas que ce reproche aurait pénétré si avant dans votre cœur, ni que vous aviez déjà pris la ferme résolution de mieux agir désormais, et de réparer vos fautes passé.

THÈME TROISIÈME.

Quel homme a pu croire que cette statue aurait été mieux faite par l'ouvrier que nous avont vu travailler ce matin? Je ne me persuadai pas hier que vous étiez arrivé, ni que vous auriez pu en si peu de jours terminer une affaire d'une si grande importance. Je ne m'étais point imaginé que vous auriez employé les moyens dont vous vous ête servi pour la faire réussir. Nos généraux aurait ordonné que les troupes marchent contre l'ennemi, s'ils l'eusses cru nécessaire. Aurais-tu jamais pu te douter que je sois devenu si puissant et si riche ? Après que le juge eut douté que les dépositions des accusateurs avaient été faites dans les formes, il examinat plus sérieusement se qu'ils avaient déclaré. Nous lisions que la terre tournait, et que le soleil était immobile , et nous ne nous doutions pas qu'il en soit ainsi. Votre ami n'aurait pas cru plus que moi, que vous étiez capable de négliger vos propres intérêts , pour veiller à ceux des autres. Il n'eût pas fallu que ces marchandises soient si long-temps en route.

DU RÉGIME DES VERBES.

THÈME PREMIER.

Nous tâchons de plaire et de favoriser le prince. Ce remède nuit, mais soulage le corps pour le moment. On voie beaucoup de personnes aimer et ne pas jouir de la vie. C'est dans cette ville qu'on fabrique et qu'on tire les étoffes les plus renommé. N'est-ce pas de cet appartement que vous sortez et que vous rentrez sans cesse. Nous devons chérir et obéir à nos supérieurs. Les voleurs prennent et s'arment tout-à-coup de bons pistolets. Nous avons amené et nous enlèverons de ce lieu un objet digne de votre curiosité. L'homme sage implore et attend tout son bonheur de la providence. Cet élève a désobéi et a mal parlé de son maître. Les français ont attaqué et se sont emparés des villes les plus remarquables de l'Allemagne, de l'Espagne et de l'Italie. Vous avez recours et vous avez médit de mon frère. Vous surpassez et vous recevez la loi de ces hommes. Ne vous laissez point aller ni abattre par le désespoir.

THÈME SECOND.

Les Romains encourageaient et donnaient des récompenses au soldats valeureux. Les Grecs favorisaient et comblaient d'honneurs les savants et les philosophes. Les Egyptiens craignaient et avaient horreur du mensonge. Nous irons et nous fuirons ces campagnes solitaires qui inspirent et nourissent l'âme d'idée tristes et effrayantes. Ne nous arrêtons point à considérer et à donner toute notre admiration aux merveilles de la terre, examinons et jetons les yeux vers le ciel. Les beaux-arts plaisent et élèvent l'homme bien né au-dessus de ses semblables. Quittez et ayez honte de vos vices, parce que celui qui se livre et s'endurcit dans le crime, n'en sortira jamais. Chérissez et portez du respect à vos parents. Respectez et conservez de l'estime pour ceux qui ont formé votre cœur à la vertu. Croyez et parlez avec une sainte vénération des mystères sublimes de notre religion sainte.

DE L'INFINITIF.

RÈGLE. *Lorsqu'un verbe est précédé d'un autre verbe ou d'une préposition, il est à l'infinitif.* (1)

THÈME PREMIER.

Nous devons aimé et chérirent ceux qui nous ont donné la naissance. Se disciple ce laisse ébranlé des menaces que lui fais son maitre. Je me laisses facilement persuadé les choses que je devrait rejeter bien loin. Vous devez, jeunes gens, adoré votre Dieu et observé sa sainte loi. Il faut respecté les vieillards et les honoré. Notre devoir nous obliges à étudié la loi de Dieu et à la pratiqué. On dois méprisé les hommes qui ne saves pas gardé les bienséances. Celui qui mènent une vie déréglé ne peux pas espéré de passé des joures long et heureux. Ses enfants aimes à récité et à vanté les beaux morceaux qu'ils ons appris. Se maitre sage dois châtié l'enfant qui ose lui refusé l'obéissance. Tous les hommes doives pratiqué la

____

(1) On remarquera que, comme l'infinitif n'a point de sujet il est facile à reconnaître, en ce qu'il n'est jamais précédé d'un substantif.

vertu, la respecté, ét la fairent aimé. Il faut récompensé celui qui par son travail a mérité nos
éloges. Nous ne devont pas oublié que la religion
est la base d'une bone éducation ; il faut donc la pratiqué, et n'agir que d'après ces saintes maximes.

THÊME SECOND.

Il ne faut pas oublié que la politesse convient
a toutes les conditions de la vie, et qu'ont ne
saurait y manqué sans ce rendre méprisable.
Nous devont remercié les personnes qui nous ons
fait accordé ses gratifications. Le vrai chrétien
doit soulagé le pauvre, l'aidé, le protégé, le
consolé, le secourirent dans tous ces besoins. —
Messieurs, vous ne devez jamais violé le silence,
lorsque vous ête a l'étude ou en classe. Je veux
examiné et lirent attentivement cet ouvrage, avant
de vous dirent ce que j'en penses. Êtes-vous prêt,
messieurs ? il faut allé en promenade. Nous ne
devont recherché ni les honneures, ni la fortune,
ni la gloire ; mais nous devont travaillé à acquérirent la vertu, seule bien solides et durable. Il
est très-difficile de contenté tous le monde. Un
ancien proverbe dit, qu'il vaut mieux donné que
de recevoir. N'est-il pas vrai, mon ami, qu'il est
plus avantageux de travaillé que de menèrent une
vie oisife? Il faut savoir gardé le secret que l'ont
vous as confié. Ont dois ce modéré dans ces
désirs, ce refusé même des choses permise, pour
s'accoutumèrent aux privations. Il faut imité les
exemples des hommes vertueux. Nous devons
considéré que l'homme est né pour travaillé,
comme le bœuf pour labouré, les oiseaux pour
volé. Il faut toujours s'occupé. Tu ne dois pas crié
si fort. Ne vient pas troublé mon repos. Puisque
tu es si peu diligents, il ne faut pas s'étonné que
tes progrès ne soit pas rapide. Voilà des demoiselles qui aimes bien a chanté, a joué, a causèrent
et a rirent.

Du verbe *avoir*.

RÈGLES. 1.° *La troisième personne du singulier du présent de l'indicatif du verbe* avoir *actif, ou auxiliaire, ne prend pas l'accent grave, ce qui la fait distinguer de la préposition* à.

2.° *La troisième personne plurielle du même temps est toujours précédée d'un sujet; au lieu que le pronom* on *est lui-même sujet.*

THÈME PREMIER.

Celui qui à pour ses parents l'amour qu'il leur doit, à déjà rempli un grand point de la loi. Ils sont allés a Vienne ou a Berlin. Tous les hommes que vous connaissez on leurs passions. Ont en trouve peu qui n'en ait aucune. S'est à Rome que le Saint Père à fixé son siège. Ont voit des personnes qui on des talents rare. Les princes que nous avont vus on passé par Troye. — L'écolier qui à l'amour du travail à droit a l'estime de ces maîtres. Ont aime a récompenser celui qui à profité des leçons qu'on lui à données. Ont respectera toujours les philosophes de l'antiquitée, qui nous on donné de si bèles leçons de sagesse. Celui qui à lu l'histoire sait que l'amoure de la gloire à fait les héros. Ont à en horreur les ingrats, car ont ne fait jamais assez pour eux; ils on toujours des prétextes pour ne pas être reconnaissant. Ont s'attendait a recevoir des nouvelles de cet enfant; mais il à laissé partir son oncle sans écrire. Il est des hommes qui n'ont pas autant de plaisir a donné qu'à recevoir.

THÈME SECOND.

C'est à Reims que Charles X à été sacré. Ont voit encore à Rome les beaux portraits que Raphaël y à laissés. Ont doit avoir recours a Dieu, quand ont à des afflictions que le ciel envoie. Celui qui à la connaissance des choses nécessaires

a la vie es savant. Ont peut rendre d'important
services a sa patrie dans les conditions qu'ont
regarde comme les moins brillante. — Le refus
que Scipion fis en Espagne d'accepter le titre de
roi qu'ont lui déférât, la chaleur avec laquelle il
s'opposât a se qu'ont le nommât dictateur per-
pétuel, et a se qu'ont lui érigât des statues dans
le capitole, sons des preuves de son zèle a maintenir la libertée de ces concitoyens. L'histoire
anciène ce cache a nos yeux sous le voile des
temps ; vainement quelques homme studieux on
cherché a dissiper les ténèbres de l'antiquitée.
Les hommes on trop de défauts et trop peu de
vertus. Ont a dit que le maréchal de Biron, condamné a mort, avais envoyé un homme a Henri
IV, pour lui demander un entretien. Un historien
à dit que Cicéron joignais la véhémence a la
puretée du style. C'est a Astura que ce célèbre
orateure à été décapité. A voir la conduite de
certain hommes, ont dirait qu'ils n'on pas la
crainte de celui qui à créé le ciel et la terre. Ont
ne sait pas commander, quand ont n'à pas su
obéir. Ont à trouvé, dans les entrailles de la terre,
des coquillages qui ont fait le sujet des disputes
des géologues. Voilà un enfant qui à beaucoup
de livres ; sa mère lui en à acheté hier ; ont lui en
envoye chaque année de Paris.

*RÉCAPITULATION des règles principales
depuis le commencement de la syntaxe.*

THÈME PREMIER.

L'enfant sages es la joie de son père. Le père
et le fils est prudent. La mère et la fille est laborieuse. Le frère et la sœur semblent unies. Le
cerf et la biche sont légères. Le corbeau et la
corneille vivent très-vieilles. Tu sera, ô mon fils,
l'objet de mon amour, tant que tu rendra à tes
maîtres les hommages qui leurs sont dû. Le vice
et la vertu sont opposées l'un à l'autre. Mon fils

et sa sœur sont tombés dans un grand précipice. Nous nous arrêteront à la grande porte, car nous ne nous traînont qu'à grande peine. Ses méchants gens font grande chère. Se père n'aimes point ces enfants; Il ce plait a leurs refusé tout se qu'ils lui demandes. J'ai reçu vingts milles francs, quatre vingt ou quatre-vingts-dix milles écus. Vous avez acheté cet habit cents francs : en voici un qui à coûté deux cent ou deux cents vingts francs. Vous avez reçu deux ou trois mil livres de laines et quatre cent de fer, le vingts du mois derniers. Il est allé a quatre mille d'ici, en une demie heure. Mon père demeurent a dix lieues et demi de Paris. L'an mille sept cents quatre-vingts mourut vôtre parent. L'an mille huit cents fût célèbre par l'élection du papes Pie VII. Les Français remportères une victoire remarquable l'an mille sept cents neuf. Ses hommes on leur défauts; vous avez les votres, et nous avons les notres. Ses enfants croyent se que vous leurs avez dit. Quelque talents que nous ayont, quelques riches que nous soyont, quelque soient nos espérances, nous ne pouvont pas espéré d'échapper a la mort. Vôtre fortune, quel qu'elle soit, peux ç'anéantirent. Cet jeune dame, toute affable qu'elle est, tout riante qu'elle parais, ne laisse point d'avoir quelque moments d'humeure. Peu de gens l'aurait cru. Une foule d'esclave s'est évadé. Cette troupe de gens armées ont été envoyées après eux. Prenez ses fruits, vous dis-je, ils sont bien murs ; ceux-ci sont sûrs, je ne veut pas vous les présenté. Mon ami viendra t il ? Est il prêt ? Cet honneur n'est du qu'aux princes du sang.

THÈME SECOND.

Je voudrait entré dans cette appartement, ouvres en la porte. Si tu a fait une faute, souffres en la peine. Est ce vingts ou trente milles francs que tu a reçus ? Mars et Minerve était deux divinitées bien opposé. Jupiter et Junon était jalouses. Je trouve peu de poires sur ses poiriers. Se belle arbre ne rapporte aucun fruits. Se pommier nous as donné deux ou trois cent pommes. J'ai vu passé deux cents quatre vingt, ou quatre vingts-dix hommes. Il y à un chef pour ses soldats. Cette homme à obtenu a grande peine de terminé ces affaires. Nous iront demain, à deux ou trois mille d'ici, cherché quatre mil livres de laine et cinq cent de fer, que j'ai achettés le vingts d'août de l'année mille huit cents vingts-six. J'ai fait un voyage en mille huit cents vingts. Vous obtînte vôtre congé en mille huit cents. On ce trompent souvent. Nôtre ferme n'es pas aussi considérable que la votre. Vôtre jardin ne rapporte pas autant que les notres. Combien de sots gens a été abusé par se séducteur. Se bois de sapins récréent agréablement la vue. Ses enfants, tous charmants et tous aimables qu'ils sont, n'on pas pour cela tout les talens qu'il leurs importe d'acquérirent. Dis moi, mon ami, viens tu ? Toutes les gens patientes ne souffre pas autant que les autres. Allez jusqu'à la grande route. J'ai des défauts, j'en convient ; mais tout les hommes n'ont il pas les leur. Venez a trois heures et demi, ou dans une demie heure. La voiture est cassé a une demie lieue de la ville. Quelques sûrs que soient ses fruits, ils sont murs ; soyez en bien surs, messieurs. Rendons au maître du tonnerre le culte qui lui es du. Quelque soit la puissance des hommes, quelque biens qu'ils possèdent, il faut subirent la loi du trépas. La vie, toute agréable qu'elle parais dins certain moments, n'en est pas moins semé de milles revers. Ses femmes, toute obligeantes et tout prévenantes qu'elles paraisse, n'aime pas leur enfants. Voici des vins qui veulent être bus tous purs. Peut tu ne pas souffrirent avec grande pitiée les maux qui accables les auteurs de tes joures ?

THÈME TROISIÈME.

L'homme rencontres milles inconvénients dans ces entreprises. Il y a deux mille d'ici là. Pesâtes vous ces laines ? Combien y en a t il de mille? Louis XVI mourus l'an mille sept cents quatre vingts treize, le vingts et un janvier. Le travail et l'oisiveté sont différentes. Le Roi et la Reine sont bienfaisantes. L'or et le fer est plus dur que les autres métals. Comment se peut il faire que la plupart des hommes ce livre à la recherche des biens qui cause leur maux. Ses ministres, tous habiles qu'il sont, tous prudents qu'ils ce montre, n'on pu terminé avantageusement la dernière négociation. Une foule d'écoliers ce précipite dans la coure. Quelques grands que vous soyez, quels que honneures que vous ayez reçus, quelque soient vos richesses, secourez les pauvres, quelqu'ils soient. Ses bons gens sont venues me voir; je leurs ai fait part de vôtre dessein : Ils m'on aussi déclaré les leur. Nôtre vigne est proche de la votre. Vôtre fermier est plus riche que le notre. Voulez vous obéirent a vôtre père ? J'ai vu avec grande peine ses malheureux, et je leurs ai donné des secours. Les hommes on milles passions divers; Ont parvient difficilement a les dompté toutes. Cet hommage est du au Roi du ciel. Soyez surs que ces jeunes gens sont murs maintenant; Je veut vous le prouvé par leur actions. Est il là ? Vas y donc, et demeures y en paix. Va t'en, mon frère. Allez vous en avec lui. Nous sommes quatre-vingt, ou quatre-vingts dix à la pension. Vous étiez, dites vous, deux cent ou deux cents vingts.

THÈME QUATRIÈME.

Quelle es l'homme assez sots pour cherché sa perte? Bien des gens c'est privé du nécessaire pour amassèrent une fortune inutile en leur mains. Toutes ses gens étaient folles. Cette femme est toute abattue, tout consternée, et elle veux resté tout seule. Laissez moi, dit elle à ces enfant; mon cœure n'à plus besoin d'aucun consolations: Ont ne la peux voir qu'avec grande pitiée. Mes amis m'on abandonné, je ne veut plus souffrirent d'être lié avec personne. Nôtre père à ces raisons pour blamé la conduite de ses inconnus, et nous avons aussi les notres. Vous pourrai leurs faire sentirent se que nous pensont d'eux. Voulez vous être sur de vivre paisible au milieu de ses brave gens qui vous sont suspectes ? Il vous faut leurs accordé les égards que vous suppliriez qu'ont vous rendit en pareille cas. J'ai vu plusieurs mille sur une seul voiture. Quelque soient les rois, quelque courtisans qu'ils aie, quelques fiers qu'ils puisses être, ils doives faire rendre justice à tous leur sujets, quelqu'ils soient. Cet lettre, quelqu'elle soit, n'en renferme pas moins des grand sentiments. Vous attendrai une demie heure. A une lieue et demi d'ici est la forêt. Un bois de myrthes odorant remplissaient l'air de parfums délicieux. Tu n'est pas en suretée ici, va t'en. Allons nous en d'ici, le lieu n'est pas sur pour nous non plus. Le chien et la brebis sont douces. Le cheval et l'âne est utile. Pour adoré dignement l'éternel, et lui offrirent ce qui lui est du, consacront lui un sanctuaire dans nôtre cœure. Cet grande porte est la votre, et non la notre. Si les animals domestiques on leurs avantages, les autres on également les leur. Peut on trouver une plus bèle vertu que la charitée ! Quel fruits sûrs vous nous servite hier! L'an mille huit cents quatre Napoléon ce fit sacré empereur. Nous avont milles occasions de faire du bien a nôtre semblable. Je veux avoir de l'air dans cet salle, ouvres en la fenêtre. Tu a fait la sottise, souffres en le châtiment. Je t'ai prêté nôtre voiture, renvoye la moi.

DU PARTICIPE PASSÉ
DANS LES TEMPS COMPOSÉS.

PREMIÈRE RÈGLE. *Le participe passé, quand il est accompagné du verbe auxiliaire être, s'accorde en genre et en nombre avec son sujet.*

THÈME PREMIER.

Que de louanges ont été donnés à Miltiade ; que de ville ont été conquis par Louis XIV ; que de bons œuvres ont été opérés par Saint Vincent de Paul ! Dans les comédies de Molière les passions sont rendu avec justesse. Chaque action de Louis XIV est distingué par un caractère de grandeure. La Grande Bretagne et l'Irlande ont été long-temps troublé par les rebelles , déchiré par les factions toujours renaissant. L'Espagne est presque toujours déchiré par des guerres intestines soutenus par l'ambition ; cette contrée est souvent ravagé par la peste ; elle est sans cesse exposé aux maladies les plus cruels. Que de lois ont été établis par Solon ; que de beaux préceptes ont été enseigné par Lycurgue ! Quelle bèle philosophie a été enseigné par Socrate ! La France est uni à l'Espagne. Toute les fleurs de votre jardin ne sont pas encore épanouie. La couronne fut mis sur la tête de Thrasybule.

THÈME SECOND.

Que de préjugés ont été détruit en France depuis la révolution ! Que de vieilles coutumes ont été abolis ! Que de pièces d'or et d'argent sont entassé l'une sur l'autre dans le coffre fort de cette avare ! Voyez ce criminelle que les juges traînes au supplice ; ses yeux sont appesanti, errant ; ses regards sont attaché à la terre. Etant forcé d'en venir aux mains , les compagnons du brave Léonidas combatires jusqu'à la mort. Que de beaux traits sont semé ça et là dans l'histoire Grèque ! Etant né le plus souvént dans les ténèbres, les hommes de lettres sont plus recommandables que ceux qui apportent un grand nom en naissants. Que de sottises ont été vomis par Voltaire contre la religion! Que de cantiques ont été chanté en l'honneur des saints! La troupe des séditieux fut bientôt réuni; elle fut aussi bientôt augmenté. Les armées s'étant séparé, le combat cessat. L'armée ennemi étant dispersé, son camp pillée, ses bagages enlevées, ses munitions pris, les Français rentrères triomphant.

THÊME TROISIÈME.

Que de citoyens furent proscrit par les révolutionnaires; que de temples furent renversé, démoli du fond en comble! Etant abandonné des Français, réduit au désespoir, chassé de l'Italie, les Bourbons trouvère enfin un asile en Angleterre. Les hommes doive obéir aux lois de la justice qui ons été établi pour le bonheur de la sociétée. Toutes vos lettres ont été remis a leur adresse. On trouvent dans Châteaubriant des descriptions qui sont bien fait, des portraits qui sont bien présenté, des allégories qui sont bien soutenus. Les laboureurs étaient estimé chez tout les peuples. La politesse a toujours été regardé comme le charme de la sociétée. Que sont devenu les troupes qui se sont embarqués a Marseille? Où sont détenu les scélérats qui ons attenté a la vie de votre magistrat? Où sont suspendu les glaives qui doive les frappé? Etant contraint de mettre bas les armes, forcé de capituler, les rebelles aimères mieux prendre la fuite. Des couronnes sont réservés à l'écolier diligent. Où sont les prix qui ont été remporté par votre frère?

Deuxième règle. *Le participe passé accompagné du verbe auxiliaire avoir, ne s'accorde point avec son sujet; mais il s'accorde avec son régime direct, quand ce régime précède le participe; et si le régime n'est placé qu'après le participe, alors le participe demeure invariable.*

THÊME PREMIER.

Nous avons lus les livres, que vous nous avez prêté, et nous les eussions relu, si vous ne les aviez pas redemandé si-tôt. Quand vous avez faite une bonne action, vous ne devez point la dirent, afin qu'elle soit publié. Je ne doutes pas que vous fassiez tous vos efforts pour répondre a l'espérance que j'ai conçu de vous. Nous avont parcouru les plus beaux traits de l'histoire Espagnole que vous nous avez prêté. Que de provinces César n'a t il pas ravagé? On ne doit faire un crime à personne de son indigence, si ce n'est à ceux qui y sont tombé par l'oisivetée, ou qui ont dissipé leur patrimoine. On ce rappellent avec plaisir les victoires qu'on a remporté sur ss camarades. Nous avont ressenti une grande douleur de la mort de votre ami que votre oncle vous a annoncé. Nous avont examiné les portraits que le peintre nous a envoyé; nous ne les avont pas trouvé ressemblant.

THÊME SECOND.

Il n'est pas de vieillard qui aient oubliés le nombre de prix qu'il a obtenu dans ses classes, et qui ne conserves beaucoup d'estime pour ceux qui se sont distingués comme lui. Rien ne me flattes tant, disait monsieur de Villars, que le nombre de prix que j'ai remporté au collége. L'histoire que vous avez composé, je l'ai parcouru. Combien d'ennemis Alexandre n'a t il pas dompté; que de provinces n'a t il pas conquis ? Tout autre qu'Aristide n'aurais pas pardonné a ces concitoyens l'injure qu'il en avait reçu. Les Romains avaient concus une haute idée de Brutus. Les louanges que vous avez donnés mal à propos à cet enfant, feront éclore en lui les premier germes de l'orgueil. Nous avont rencontré vos sœurs qui lisait l'ouvrage que je leurs ai prêtée.

Ces enfants ont mangé les belles poires que votre
mère nous avait envoyé. La circoncision était
une cérémonie que Dieu avait prescrit à Abraham,
comme une marque de l'alliance qu'il faisaient
avec lui. Mes amis, seriez-vous capables d'oublier
la bienveillance et la tendresse que vous ons
témoignés vos tantes ?

THÈME TROISIÈME.

Nous avont trouvés dans Sénèque le philosophe une bèle morale que nous vous avont en-
seignés. Mon ami, vous ne faites pas toujours
l'application des règles que nous vous avont
donnés. Les Français ont applaudi à l'ordonnance
que le Roi as porté pour la liberté de la presse
que nos ministres voulait détruire. Les puissances
étrangères ons encore honte des victoires que la
France as remportés sur elles. Voltaire et Crébillon ont composés des tragédies que nous vous
avont lus et que vous avez trouvé d'un goût ex-
quis. Madame Deshoulières as composée les belles
idylles que je vous ai envoyé, que vous avez lus
et relu tant de fois. La propriétée que nous avont
acheté et celle que nous avont loués à votre oncle
n'est pas loin d'ici. Nous avont écrit à votre ami
plusieurs lettres qu'il n'a pas reçu. Louis XIV
s'est rendu célèbres entre tous les Rois de France ;
les victoires qu'il a gagné ne lui ont pas toujours
été utile. Sur la fin de son règne, que de batailles
n'a t il pas perdu !

THÈME QUATRIÈME.

Les règles que Burnouf nous à donnés pour
étudier la langue grecque sont bien raisonné.
La méthode que se savant grammairien nous à
prescrit est claire et a la portée de l'enfant,
même le plus stupide. L'approbation que l'université de France lui à accordé est bien mérité.
Nous avons médités souvent sur les ouvrages de

philosophie que les anciens nous ont laissé. Quelle est bèle, s'écrit Jean-Jacques, la morale que le Christ nous as prêché, qu'il nous as enseigné par ses discours et surtout par ses œuvres ! Que de crimes n'avez-vous pas remarqué dans les premières pages de l'histoire que vous avez lu ! Que de maux n'ont pas causé ses magistrats ! Que d'injusticesn'ont ils pas commis ! De quels crimes ne se sont-ils pas souillé ! Où sont les récompenses que vous m'avez promis ? Que devienne les promesses que vous m'avez fait ? Nous avons lus dans Montesquieu, que, dans les derniers temps de la république, les Romains avait dégénéré de la vertu de leurs ancètres.

<h3 style="text-align:center">THÊME CINQUIÈME.</h3>

Ces traits de bravoure que nous avont trouvé dans l'histoire universelle de Bossuet, nous vous les avont communiqué; vous les avez lu et vous en avez été contents. L'histoire naturelle que Buffon as si bien expliqué est fort intéressant. La dissipation et l'ennui que vous avez toujours montré ont beaucoup nuis aux progrès que vous auriez fait dans l'étude de l'histoire des Perses que l'ont vous as enseigné. Je n'ai pas vu ces personnes que vous m'aviez amené. La musique que nous avons entendus au Vatican, le jour de la fête de Saint Pierre, est bien supérieure à celle que nous avons entendus dans la chapelle de Charles X. Nous connaissons les pertes que vous avez fait; nous avons été témoins des larmes que vous avez répandus, des souffrances que vous avez enduré, des chagrins cruels qne vous a occasionnée la mauvaise conduite de votre fils qui a oublié les bienfaits qu'il a reçu de vous, la bienveillance et l'amour que vous lui avez toujours témoigné.

<h3 style="text-align:center">THÊME SIXIÈME.</h3>

Avez-vous lus les beaux poèmes que Delille a

composé, les belles descriptions qu'il a semé dans ces ouvrages, la noble description qu'il nous a donné de l'étalon. Il est vrai qu'il à imitée ce passage de Virgile; mais avec quelle fidélité ne l'a-t-il pas rendus? Connaissez-vous l'histoire du bas-empire que Le Beau à écrit. Si vous l'avez lu, que de belles narrations n'y avez-vous pas rencontré; que de belles phrases n'y avez-vous pas remarqué! Les savants que le siècle de Louis XIV à produit nous ont laissés des chef-d'œuvre en tout genre. Que d'obstacles n'a pas surmonté Heni IV; que de combats n'a-t-il pas livré; que de fatigues n'as-t-il pas essuyé, avant de monter sur le trône! L'affaire importante que je vous avait communiqué n'aurais pas dû sortir de vôtre bouche; vous n'avez pas gardée la parole que vous m'aviez donné. Français, soyez fiers des progrès que vous avez fait dans l'art militaires, et des victoires qu'ils vous ons procurés. Nous avons contemplés les astres que Dieu à placé au firmament.

THÊME SEPTIÈME.

La célèbre girafle que le pacha d'Egypte nous à envoyés, est arrivé a Paris le trois du mois. Elle a été logé dans l'orangerie du jardin des plantes avec plusieurs autres animaux que le pacha nous as envoyé. Les calomniateurs que nous vous avont dénoncé sont des laches. Les sottises qu'ils ont vomi contre vous ne peuve pas vous nuire. Louis XVI s'est bien justifié des accusations injustes qu'on lui avait adressés. Nous avont attendus vôtre arrivée, pour vendre les marchandises que nous avons reçus de Beaucaire. La fête que la jeunesse Bordelaise as donné en faveur des grecs, as rempli le but des personnes généreuses qni l'avaient organisé. Les conseils que nous avons donné aux jeunes gens qui nous ont été confié ne peuve que leurs être très-utiles Les lettres que madame de Sévigné à écrit sont admiré de tout le monde. Les deux premiers volumes

que je vous ai envoyé et que votre sœur a déjà lu,
appartiennent à mademoiselle Sophie qui m'a
prêtée les lettres de madame de Maintenon que
je vous ai donné l'an dernier.

THÈME HUITIÈME.

Les comédies que Molière à composé, les portraits qu'il nous à donné de l'avare et des femmes
savantes, lui ons faits beaucoup d'ennemis parmi
les gens d'un esprit faibles. Les passions que vous
avez favorisés, les vices que vous n'avez pas dé-
truits, les scandales que vous avez donné, les
abus que vous n'avez pas réprimé, vous condamne
devant Dieu et devant les hommes. Nous avons
comptés le nombre d'hommes que la peste à
ravagés sous le règne de Henri IV, les victoires
que se bon prince as gagné, les lois qu'il a fait.
Lorsque nous avont lus l'histoire de France, nous
nous nous sommes long-temps arrêté sur le règne
de Louis XIII : Nous avons vus les siéges qu'il as
soutenu ; les places qu'il a pris ; nous avons admirés les projets hardi que Richelieu a conçu et
qu'il a exécuté, les réglemens qu'il a établi pour
l'académie française qu'il à fondé, pour la Sor-
bonne qu'il a institué. Les leçons que j'ai appris,
les devoirs que j'ai fait, les récompenses que j'ai
reçu, les punitions qu'on m'a donné, ont servies
à me rendre utile à la sociétée. Les couronnes
que nous avons désiré, les palmes que nous avons
souhaité, les prix que nous avont obtenu et
mérité, ont remplies les espérances que nous
avions conçus.

THÈME NEUVIÈME.

Nous avons été a Paris, et nous avont visités
les hôpitaux que Saint Vincent de Paul à fondé
pour les pauvres malades, ceux qu'il à établi pour
les enfants trouvé et la maison qu'il à fondé pour
les prêtres de sa congrégation. Que de bones
œuvres se grand homme n'a-t-il pas fait ! Que de

malheureux n'a-t-il pas soulagé ! Que de familles n'a-t-il pas consolé ! Que de bienfaits n'as-t-il pas rendu à la Lorraine ! Que de grâces n'a-t-il pas obtenus de Louis XIII pour les pauvres de son royaume ! Que de victoires Annibal n'a-t-il pas remporté ! Nous avons sus comment se sont passées les funérailles du général, d'après une lettre que nous avont reçus. Que de gens ne save pas reconnaître les bienfaits qu'ils ont reçu ! D'où vient que vous ignorez encore les principes d'arithmétique que l'on vous a enseigné ? C'est que vous ne les avez jamais étudié sérieusement. A coup sur la princesse n'a pas mérité les maux qu'elle as souffert.

THÈME DIXIÈME.

Les notes que nous à donné cet auteure sont bien rédigés. L'armée que Henri III envoya contre le Roi son beau frère, fût battu a Coutras. Lors du massacre de la Saint Barthélemy, Montmoris, gouverneur d'Auvergne, écrivit a Charles IX la lettre suivant, qui méritent d'être transmis à la postérité. « Sire, l'ordre que j'ai reçue de votre majestée de faire mourir tous les protestants qui sont confié à ma garde me parais suspect. Je respectes trop votre majestée pour ne pas croire que les lettres qu'on m'a envoyé sont supposé ; et si, ce qu'à Dieu ne plaise, c'est votre majesté qui a dictée cet arrêt cruel, je la respectes trop pour lui obéirent. » Phocion ne voulus jamais recevoir la grand somme d'argent que Philippe lui avait envoyé par ces ambassadeurs. Dépositaires du souverain pouvoir, si vous manqués aux règles de la justice que le Roi vous a prescrit, si vous violez les promesses que vous avez fait en jurants de protéger l'innocence, qui ne vous maudirat pas ? Pourquoi les reclamations des pauvres ne sont elles pas accueillis comme celles du riche ? Voyez que d'hommes vous avez outragé, en refusants de les entendre ?

TROISIÈME RÈGLE. *Le participe passé des verbes réfléchis s'accorde avec son régime direct, quand il en est précédé. (On connaît que le pronom se est régime direct, en mettant le verbe avoir à la place du verbe être ; mais il faut remarquer qu'outre le pronom se , il peut y avoir un autre régime direct placé avant le participe).*

THÈME PREMIER.

Mes frères que vous avez vu dernièrement ici, se sont blessé à la chasse. Ils se sont relevé avec peine, et se sont trainé à la maison comme ils ont pus. Ils sont tombé dans un précipice, et se sont enfoncés plusieurs côtes. Toutes les parties qu'ils s'étaient proposé n'auront pas lieu , vu leurs état. Les philosophes se sont proposés, sur l'immortalité de l'âme, des objections qu'ils n'ons pas pus résoudre. Ces soldats se sont livré au désespoir ; ils se sont donnés la mort qui leur semblais trop douce. Ses femmes que vous avez vu hier se sont disputé assez long-temps ; elles se sont dites des injures ; il y en as même qui se sont blessé, et que l'on à remporté presque mourant chez elles. Louis XII, Roi de France , s'es toujours concilié l'amour de son peuple ; sa justice et sa bontée lui ont gagnée tous les cœurs. Les soldats qui se sont entraîné a la révolte, se sont repenti de leur faute.

THÈME SECOND.

Tous les habitants de Paris se sont porté en foule au devant de Louis-le-Désiré. Les cris de *vive le Roi, vivent les Bourbons,* se sont répété milles et milles fois. Les incrédules se sont imaginés qu'il viendrait à bout de détruire la religion que les apôtres nous ons préchés. D'où viens que l'Angleterre s'est rendu maîtresse du commerce de l'Amérique ? Tous les peuples n'ons pas toujours observés les loix qu'ils s'étaient imposé.

Plusieurs grands hommes versé dans la politique se sont demandés si la patrie n'étais pas ménacé d'une révolution plus terrible encore que celle qu'elle as déjà subi. Euphrasie s'est proposée d'enseigner la langue italienne. Les officiers qui logeait chez nous se sont battu, se sont dits des injures, et se sont donnés un rendés-vous pour un duel. Les Français s'étaient emparé de l'Espagne, de la Suisse, de l'Italie; ils s'était proposés de conquérir l'Europe entiere. Les deux armées se sont rencontré sur les bords de la Marne, et se sont attaqué aussitôt. Les coups de canon se sont succédés; les combattants se sont précipité dans la rivière ; trois monarques se sont trouvé bloqué dans la petite ville de Vitry-le-Français, et peu s'en est fallu qu'il n'aie été fait prisonniers. Les étoffes que vous avez achetés à Lyon se sont bien vendu. La paix entre la France et les alliés s'est fait en 1814.

THÊME TROISIÈME.

Que de peuples se sont prescrites des lois qu'ils n'ont pas suivis ! Miltiade et ses compagnons avait résolu de coupé le pont que Darius avais bâti sur le Danube, et ils s'étaient proposée de délivrer la Grèce de l'esclavage où elle étais réduit. Des savants se sont proposés d'enseigner aux homme l'art de guérirent toutes les maladies. Je crois que la tache qu'ils se sont imposé, est difficile a remplir, et que les personnes qu'ils se sont associés pour travaillèrent avec eux, seront bientôt fatigué d'un travail qui offrent toujours de nouvelle difficultées. Les princesses se sont rencontré à Nancy; elles se sont parlées assez long-temps; elles se sont faites de grandes saluts, et n'ont pas oubliées les compliments. Elles ne se sont point imaginées que le duc d'Angoulême étais dans cette ville; autrement elles se serait faites un devoir d'aller lui présenter leur hommages, que le prince aurais reçu avec plaisire.

THÊME QUATRIÈME.

Les Espagnols se sont faits une mauvaise réputation. Les Anglais se sont attirés la haine des Français. Tous les historiens se sont plu a faire le panégyrique de Saint Louis; ils se sont accordé a dire que ce prince était vraiment digne de la couronne, qu'il avait reçu après la mort de Louis VIII; ils se sont tout convaincu, en lisant l'histoire de son siècle, que se saint Roi terminat la guerre que son père avait commencé contre les Albigeois, qui s'était révolté. Les Français se sont rendu célèbres par les victoires qu'ils ont remportés, par les sages réglements qu'ils se sont prescrit, par les arts et les sciences qu'ils se sont plu a cultivé, et surtout par la politesse qu'ils ont observés envers tout le monde. Vos sœurs s'étaient chargé de m'envoyé une échantillon des pièces d'étoffe qui se sont vendu à la foire d'Amiens; mais elles ne se sont pas acquitté de leurs commission.

THÊME CINQUIÈME.

Applaudissez vous de ne pas vous être rebuté par les difficultées qui se sont présenté dans l'étude de la langue de Démosthène : elles se sont éclairci peu à peu, et enfin ons disparu tout-à-fait. Lorsque nos ennemis se sont présenté et que le combat s'est engagée, nos soldats se sont porté, se sont précipité sur eux avec une ardeure incroyable. Thérèse s'est proposé pour modèle à toutes les dévotes, qui se sont cru outragé de cette proposition, et qui se sont moqué de celle qui l'avais fait. Voyez la belle robe que Sophie s'est donné, le beau chapeau qu'Elisa s'est achetée, le superbe ruban que je lui ai donnée. Elle s'est faite un plaisir de montrer à ses compagnes les bijoux qu'elle s'est achetés, les chansons que j'ai composé et que je lui ai donné. Qui ne saits les illusions que la belle Victorine s'est mis

dans la tête ? Cette femme s'est mise dans la tête
que ces enfants s'était disputé, qu'ils s'était dits
des injures, et qu'ils s'était battu. Les devoirs
auxquels nous nous somme engagé, et que nous
nous somme obligé de remplir, se sont multiplié
de joure en joure.

THÈME SIXIÈME.

Notre imagination s'est embelli, lorsque nous
avons lus les ouvrages de Chateaubriant. Nous
avons retenues les belles descriptions qui se sont
souvent offert, les belles images qui se sont présenté à chaque page. Les maisons que les Amé-
ricains se sont bâti, ne le cèdent en rien aux nôtres.
C'est à tort que quelque personnes se sont imaginées que nos princesses s'étaient rendu à Versailles, que les Espagnols et les Portugais s'était
battu à Cadix. Les demoiselles qui sont venu hier
dans nôtre ville, se sont proposées de donner des
leçons de grammaire. Nos élèves se sont empressé
de ce rendre au lieu que nous leur avions prescrits.
Ils ont remplis la tâche qu'ils s'était imposé. Les
malheures et les cruautés inouies se sont succédées
pendant la révolution. Les Français se sont égorgé
pour ainsi dire ; ils se sont souillé des crimes les
plus affreux ; ils se sont séduit par les passions ;
ils ont fait périrent Louis XVI sur l'échafaud.

THÈME SEPTIÈME.

Ces dames se sont rendu à l'invitation que nous
leur avont fait ; elles se sont plu dans nôtre maison,
où elles se sont rencontré avec d'autres dames,
qui se sont trouvé chez nous ce jour là. Les
compliments qu'elles se sont donné, les histoires
qu'elles se sont raconté, les merveilles qu'elles
se sont dit, nous ont bien amusé. Deux d'entre
elles se sont embrassé, et se sont faites des salu-
tations qui se sont succédées bien long-temps. La
révolte de l'armée s'est trouvé porté au plus haut
point. Cet conférence s'est terminé ; Quelque

personnes s'étaient imaginées qu'elle dureraient
plus long-temps. Il s'est rassemblée ici une foule
de jeunes demoiselles ; les caresses qu'elles se
sont prodigué, n'ont rien de surprenant. Il s'est
réunie ici une troupe de soldats, qui se sont disputé,
se sont battu, se sont donnés des coups de sabre.
Ma fille, a-tu vue la belle robe que Mélanie s'est
acheté, les beaux souliers qu'elle s'est faits, la
belle ceinture qu'elle s'est donné.

*QUATRIÈME RÈGLE. Le participe passé suivi d'un
verbe à l'infinitif, peut être susceptible d'accord,
et ne l'être pas ; car le régime appartient tantôt
au verbe à l'infinitif, tantôt au participe. Il
ne s'accorde que dans le second cas ; et pour connaître si le régime est celui du participe, il suffit
de le placer après et de changer l'infinitif qui suit
en participe présent.*

THÊME PREMIER.

Les cloches que nous avons entendu sonner,
sont celles que nous avons vues fondre. Les hi-
rondelles que j'ai vu revenir, m'ont annoncées le
retour de la belle saison du printemps. Les élèves
que l'on à vu abuser des bontés de leur maîtres,
se sont repenti plus-tard de cet conduite inconsé-
quente. Messieurs, où sonts les livres que je vous
ai vus lire, les chansons que je vous ai entendues
chanter, les cahiers de musique que je vous ai
donné hier. Virginie et Désirée, que j'ai entendu
chanter chez vous, m'ont parues doué d'une belle
organe ; il n'est personne qui ne les aie entendu,
sans en être charmées. Vos voisines sont allés
hier a la fète ; je les ai vu passé. Nous avons
accordées a votre sœur toutes les grâces que nous
avons dues. La princesse à obtenue du roi toutes
les faveurs qu'elle a voulues. La romance de
Paul et Virginie que nous avont entendue chanter,
a fait pleuré toute la sociétée. Cette jeune demoiselle que j'ai entendu pleurer n'est pas encore
consolé de la perte qu'elle a fait. Ce matin, je

l'ai vu arriver chez vous. Les harangues de Démosthène que nous avons entendues expliquer, sont du goût de tous les savants. Les compagnes d'Anastasie sont très-estimé; je les ai entendues complimenter par beaucoup de personnes. Cette femme s'est laissée persuader que ces enfants l'aiderait.

THÈME SECOND.

Les oiseaux que j'ai entendu chanter, que j'ai vu ensuite s'envoler, sont venu se percher sur un arbre de vôtre jardin. Vôtre sœur que j'ai vu peindre, s'est servi des couleurs que sa cousine lui a envoyé de Rome. La princesse que j'ai vu dessiner au crayon, est celle que nous avons entendu chanter dans le parc de Saint-Cloud. Ses jeunes gens ne disent rien; on ne les a pas entendu parler d'aujourd'hui. Les poèmes que nous avons entendus vanter dans cette sociétée, sont ceux que nous avons vus déchirer ailleurs. Sire, vos soldats sont très-braves; je les ai vu se précipiter sur l'ennemi, je les ai entendu crier *vive le Roi*. La retraite que j'ai entendue sonner, m'a effrayée. Les soldats que j'ai vú fuir, m'ont racontés les malheurs qui sont arrivé. Les malades que nous avons vu gémir dans les hôpitaux, ont excités nôtre compassion. La reine d'Espagne est parti de Cadix; je l'ai vu arriver a Madrid; je l'ai entendu remercier les personnes qui lui ont adressées des compliments flatteur. Vôtre ami est venu hier; nous l'avons entendus jouer du violon; nous lui avons faits tous les compliments que nous avons dus. L'armée est parti de Paris; je l'ai vu passer à Rouen. Les ennemis ont quittés Meaux; Nous les avons vu entrer a Paris. Les chansons que nous avons entendues chanter a Londres, ont été composé par un Français. Les images que j'ai vues acheter, sont belles. Les parties de chasse que je m'étais proposé de faire, n'auront pas lieu.

THÈME TROISIÈME.

Les fautes que je vous ai vues commettre , les mauvais propos que je vous ai entendus tenir , les mauvais livres que je vous ai vus lire , les chansons obscènes que je vous ai entendues chanter, ne m'inspirés que du mépris pour vous. Mon fils, je vous interdit la compagnie des jeunes gens que je vous ai entendus louer , que je vous ai vus fréquenter. Les personnes que nous avons vus se battre , sont celles que nous avions entendus chanter. Les enfants que j'ai vu rire en classe, sont très dissipé; je les ai entendu se plaindre de la sévéritée de leur maître, qui n'es pourtant pas trop méchant. Ses comédiens sont très-bons; je les ai vu jouer à Lyon. Les actrices ne sonts pas aussi bones; je les ai entendues critiquer à bon droit. Lorsque je les ai vu jouer à Paris , je les ai entendu crier à faire peure. Français, dit un général à ces soldats : « défendont courageusement la patrie qui nous a vu naître. » Les criminels que j'ai vu mener au supplice, m'ont parus peu touché de leur situation ; je ne les ais pas vu pleurer.

CINQUIÈME RÈGLE. *Le participe passé entre deux que est presque toujours invariable.*

THÈME PREMIER.

La langue grecque que vous n'avez pas voulue que j'apprisse , est cependant très-utile dans la profession que j'ai embrassé. Vos conseils que vous avez pensés que je goûtait, ont été au contraire bien rebutant. Les afflictions que j'ai sues que vous aviez eu, m'ont données beaucoup d'inquiétude. Les mathématiques que j'ai vues que vous aviez étudié.... L'histoire d'Héloïse et d'Abailard que vous n'avez pas voulue que je lusses , n'est pas très-intéressant. Maman, voilà une histoire que j'ai pensée que vous aviez lu. Je n'ai pas encore reçus les livres de médecine que vous aviez prétendus que je recevrais le huit du mois de juin. La demoiselle que vous avez soupçonnée que je haïssait, et que vous n'avez pas voulue que je visses, est la demoiselle la plus charmante du monde. Les lettres de madame de Sévigné que maman n'a pas voulues que je vous donnasses, sont encore a la maison. Les enfants que j'avais persuadé qu'ils devaient étudier.... Les personnes que j'avais convaincu qu'elles étaient heureuses....

THÈME SECOND.

La tristesse que j'ai prévu que la conduite de mon père vous donnerait, m'a fait faire une circonstance affligeante que j'ai crue que vous aviez ignoré. La guerre que le Roi n'a pas voulue que nos généraux fisses, étoit pourtant nécessaire, si l'on en crois les hommes versé dans la politique. Les Rois que les courtisans ont persuadé que leur sujets les aimait.... Les lettres que j'ai connues que vous aviez écrit.... Les nouvelles que j'ai sues que vous aviez annoncé à mon oncle, m'ont surprises. Les désagréments que j'ai prévus que cet homme vous causerais, les inquiétudes que j'ai jugées que sa conduite vous donnerais, enfin l'embarras dans lequel mon père et moi avient pensés que vous trouviez, nous ont décidés à venirent vous voir, pour vous aidé dans l'entreprise que vous aviez commencé. Les problêmes que vous n'avez pas sus que j'apprenait, les leçons que vous n'avez pas voulues que je vous donnasses, l'histoire que vous n'avez pas souhaitée que je vous racontasses, sont très-utile. Les criminels que le juge a convaincu qu'ils avaient eus tort, ont été absouts.

SIXIÈME RÈGLE. *Le participe passé suivi d'une préposition et d'un verbe à l'infinitif, s'accorde avec le que relatif, quand on ne peut pas mettre l'antécédent immédiatement après le participe.*

THÈME PREMIER.

Les métamorphoses d'Ovide que je vous avez

donné à lire, vous ont beaucoup amusé. L'histoire
de la Grèce que vous m'avez conseillée de lire,
est fort intéressante. Les châtiments que Tibère et
Néron ont ordonnés d'infliger aux chrétiens, sont
inoui. Les règles que vous m'avez ordonnées de
suivre, ne me paraisses pas très-bonnes; Celles
que votre oncle m'a engagées à adopter, me
sembles meilleurs. Les leçons de philosophie que
vous m'avez persuadées d'étudier, sont peut-être
au-dessus de ma pénétration. L'histoire de France
que vous m'avez donné à lire, ne me semblent
pas bien fait. Les lois que nos législateurs nous
ont commandées de suivre, ne sont pas d'accord
avec nos besoins actuelles. L'histoire que j'ai
commencée à vous raconter, est tirée de Voltaire.
Les ouvrages de ce grand homme que vous m'avez
conseillé de ne pas lire, sont bien attrayant. Les
preuves qu'il a entreprises de donner contre la religion, ne sont pas bonnes. Son histoire de Charles
XII, Roi de Suède, que vous m'avez conseillée
de lire, me paraît exagéré. L'armée Française que
l'on a forcé de sortir de la Catalogne, s'est rendu
en France. La résolution que le prince avait pris
de déclarer la guerre aux Anglais, n'a pas eu lieu.
Les mesures que vous m'avez engagé à prendre....
L'inclination qu'on nous a forcé à suivre ... Les
fautes que nous ont porté à faire les méchants....
Les vices qu'on nous a blamé d'avoir suivi....

THÈME SECOND.

Les fortifications que Richelieu a ordonnées de
construire à la Rochelle, sont les plus belles qui
aie jamais été fait. Les préceptes de rhétorique
que j'ai commencées à apprendre dans Quintilien,
me plaisent beaucoup. Les éléments de l'histoire
de France que vous m'avez conseillés de lire, dans
l'abbé Millot, me semble bien rédigé. Ces demoiselles qu'on a prié d'assister aux spectacles, n'en
ont pas étées faché. Les conseils que vous m'avez
engagés à suivre dans l'affaire que j'ai entrepris,

me sembles bons. La profession que vous avez résolue d'embrasser, est très-honorable. La marche que je vous ai donné à tenir pour y arriver, est sure et infaillible. Les bucoliques de Virgile que j'ai entreprises de traduire, sont belles. La somme que j'ai promise de donner pour les manuscrits de Fénélon, est grande. Les conditions que j'ai promises d'observer, sont rigoureuses. Les châtimens que j'ai résolus d'infliger aux paresseux, sont sévères. Les abominations que cet homme a excités à commettre, et que la Reine régente n'a pas désaprouvé, puisqu'elle n'a pas prise la peine de les châtier rigoureusement, nous ont porté à soulever l'indignation de tout le monde. Les Anglais qu'on a forcé de marcher contre les Espagnols, sont parti et se sont embarqué. Les révoltes qu'on vous a excité à calmer.... Les caresses qu'on l'a priées de donner a ses fils.... Les périls qu'on nous a instruit à éviter.... Les mesures qu'on nous à loués d'avoir pris....

THÈME TROISIÈME.

Les images que je vous ai donné à remettre, sont belles. Les ouvrages de Chateaubriant que vous m'avez conseillés d'acheter, se vendent bien cher. Les fautes qu'un mauvais ami m'a conseillées de commettre, ont faites mon malheure. Voici des vices que vous nous avez conduit à imiter. Les sages avis que vous m'aviez ordonnés de suivre, les résolutions que vous m'aviez conseillées de prendre, aurait fait mon bonheure. La route que vous m'aviez dite de tenir pour aller à Nantes, n'est pas la plus sure. Pourquoi avez vous violées les promesses que vous m'aviez jurées de tenir ? Les règles que vous m'avez prescrites d'appliquer, pour apprendre la langue que vous m'avez conseillée d'étudier, ne me paraisses pas difficiles. Les murailles que les Athéniens avaient commencées a bâtir à Athènes, n'était pas encore achevé, lorsque les Lacédémoniens s'en plaignires par leurs ambassadeurs. La patience qu'on nous a exhorté

à avoir.....Les vices que la nature nous a poussé à finir.....Les lois qu'on nous a incité à négliger.....Les
conseils qu'on nous a applaudi d'avoir donné.....

SEPTIÈME RÈGLE. 1.º *Le participe passé* fait *est
invariable, parce qu'il ne forme un sens qu'avec
l'infinitif qui suit.*

2.º *Quant au participe passé* laissé *, suivi d'un
verbe à l'infinitif, il s'accorde suivant la quatrième règle.*

THÊME PREMIER.

Les livres que vous avez laissés lire à ces demoiselles les ont corrompu. Les riches étoffes
que vous nous avez faites venir de Lyon, nous
ont coutées bien cher. Nos élèves se félicites de
ne pas s'être laissés rebuter par les difficultées
qu'ils ont rencontré dans l'étude des verbes grecs.
Les ouvrages que nous avons faits acheter à Paris,
sont rares. La tourterelle que j'ai laissé fuir,
s'est faite un nid près de la maison de campagne
que j'ai faite construire en 1823, et où j'ai laissées
habiter les demoiselles que vous avez faites sortir
de chez vous. Ses pauvres enfants se sont laissés
maltraiter par ses domestiques que vous aviez faits
sortir de vôtre maison. Ses familles infortunées
qu'on a faites conduire en prison, qu'on a laissé
manquer de tout, mérites des égards qu'on ne
leurs a pas accordé. Vôtre demoiselle que vous
avez laissé partir pour Orléans, s'est faite une
blessure profonde en descendant de la voiture.
Avez-vous vue cette femme qu'on a faite sortir de
prison; on l'a laissé frapper ses enfants. La compagnie que vous avez laissée suivre à votre fils, lui
a été funeste. Les maîtres qu'on a laissé punir
leurs élèves, sont parvenu à les corriger.

THÊME SECOND.

Les enfants d'Henri IV se sont toujours faits
aimer du peuple François. Vous savez que nôtre
patrie s'est laissée séduire par quelque hommes

d'un génie supérieure, qui ne se sont pas faits
un crime de faire périr le meilleur des rois comme
un criminelle. Cette chambre que j'ai faite bâtir
et que j'ai laissée fermer, est devenu humide. Cet
tendre mère qu'on a laissé mourir de chagrins,
ne méritais pas d'être traité ainsi par ses enfants,
qu'elle s'était faite un devoir d'exciter sans cesse
à la vertu. Son fils aîné qu'elle avais fait élever
dans un collége, s'est laissé séduire par ses camarades, et s'est fait un plaisir de la chagriner.
La perdrix que vous avez laissé s'envoler, est
venu se perché sur ma fenêtre. Les personnes
que vous avez faites venir chez-vous, et que vous
avez laissé à la porte, sont très-mécontent de
vôtre conduite. Que de parents infortuné que
leurs enfants ont laissé succomber à la douleure !
Que de mères au contraire se sont laissé manquer de tout pour leur enfants, qui, dans la suite,
se sont faits un déshonneur d'avoir une mère
pauvre. Les pruniers que j'avais faits planter,
sont mort. Ces soldats se sont laissé vaincre; ils
aurais pu se défendre, s'ils s'étaient faits secourir,
car ils combattait vaillamment.

THÈME TROISIÈME.

Nous avons faits venir dans la maison que nous
avons faite acheter, vos amis, qui se sont laissés
persuader qu'on l'avait faite bâtir en trois jours.
Nous les avons faits rire quand nous leurs avons
racontés l'histoire de la *barbe bleu*. Voyez ma
fille, toutes vos compagnes que nous avons laissées
jouer, courir dans le jardin que nous avons faits
embellir depuis que vous nous avez quitté. Les
comédies qu'on a laissées jouer dans nôtre ville,
n'ont pas été du goût de tout le monde. Tous les
efforts que nous avons faits faire, pour ramener
à la vertu ses jeunes gens qui s'étaient laissés
corrompre, ont été inutiles. Les contes de La
Fontaine que vous avez laissées lire à Emilie, lui
ont faits naître des idées impurs : son imagination

s'est laissée souiller. La Reine s'est laissée attendrir au récit des outrages que les Espagnols ont faits essuyer à quelque dames françaises. Les premiers volumes de l'histoire de la Grande-Bretagne que j'ai laissés prendre, me serait nécessaires aujourd'hui, pour comparer quelques faits avec ceux qu'on m'a faits lire dans un résumé de cette histoire. Les perdrix que j'avais faites nourrir, je les ai laissé s'envoler ; elles se sont faites prendre, et ma tante les a laissées tuer par son fils.

THÈME QUATRIÈME.

Les jeunes gens que la loi a faits partir pour la guerre, en 1812, se sont laissés mourir de chagrin. Ces réglemens était bons ; ils avait été faits par des hommes de lois ; pourquoi les a t-on laissé tomber dans l'oubli ? Vos sœurs que vous avez laissées périr, que vous n'avez pas faites visiter par le médecin, lorsqu'elles était malades, méritait d'être mieux traité. Elles s'étaient fait pauvres pour vous enrichir, et vous les avez laissées mourir de faim. Ces jeunes personnes ont menée une conduite bien honteuse ; elles ont laissée affliger leur mère, et l'ont laissé succomber à la douleur. Nous avons faits conduire vos condisciples chez votre tante, qui les a laissé aller à la chasse et monter à cheval ; Lorsqu'ils sont revenu ici, nous les avons laissés aller partout. Les rois se sont laissés tromper très-souvent par des ministres inhabile. Plusieurs personnages illustres se sont faits un devoir sacré de renoncer aux dignités, plutôt que de trahirent leur conscience. Combien d'honnêtes citoyens ce sont laissés maitriser par l'appât d'un vil gain, et se sont faits punir ! Que d'injustices n'ont pas laissées commettre les ministres que nous avons faits supplier d'écouter les réclamations du pauvre ! Les riches même qui ne se sont pas laissées dominer par eux, sont rejeté. Les malheurs qu'on nous a faits souffrir, sout inoui. Ces paysans se sont laissés

piller. Cette chaumière que j'ai laissée bâtir trop
près de mon château, m'empêchent de voir la
plaine voisine, où j'avais faits planté des poiriers
que l'orage a faits périr. Les soldats que vous avez
laissés entrer dans votre maison, se sont battu.

HUITIÈME RÈGLE. *Le participe passé joint au
verbe* avoir *précédé du mot* en, *est invariable,
à moins qu'il ne se trouve un régime* direct *avant
ce participe ; car le pronom* en *est mis pour de lui,
d'elle, etc. (Le* que *est souvent un adverbe régi
par* plus, *ou* moins. *)*

THÊME PREMIER.

Ces élèves ont plus de livres que je ne leur en
ai données. Monsieur de Vauban a fortifiées plus
de places que d'autres n'en ont détruites. Nous
avons accordés à cet enfant plus de bienfaits qu'il
n'en avait mérités. Vous m'aviez écrit que vous
m'enverriez de belles estampes, et je n'en ai point
reçues. Nous avons lus les ouvrages des géologues ;
nous avons rencontrées des dissertations savantes ;
mais nous n'avons pas été content des arguments
qu'on en a tiré. La situation de cette veuve m'a
causé tous les maux que j'en avais redouté. Nous
avons achetés à Beaucaire plus de marchandises
que vous n'en avez jamais eues. Nous avons ven-
dues les terres que nous possédiont dans le département de l'Indre ; nous avons employés l'argent
que nous en avont reçus, à payer la maison que
nous avons faite bâtir l'année dernière. Si j'avais
suivis les conseils de cet homme, j'aurais faites
plus de fautes qu'il n'en a lui-même commises.
Tous les conquérants ons détruit plus de villes qu'ils
n'en ont fondées. Cette famille possède plus de
richesses que ces ancêtres n'en avait amassées.

THÊME SECOND.

Emilie, je vous ai prêtée plus de volumes que
vous ne m'en avez rendus. Mes amis, je sais que

vous avez contentés votre maître; les récompenses
que vous en avez recues doive vous flatté beaucoup. Les ministres nous avait promis plus de
bienfaits qu'ils ne nous en ont accordés. Ces
demoiselles savent plus de vers que vous n'en
avez lus. Madame de Sévigné as écrit plus de
lettres que d'autres n'en ont lues. Je sais que vous
avez lue l'histoire de Joseph, auteure juif; C'est
à tort, ma fille, que vous vous êtes laissée séduire par cet historien qui devais naturellement
ne rien dire du Christ; Ont m'a assuré que la
lecture de cette histoire vous a faite plaisir; Je sais
que les conséquences que vous en avez tiré sont
fausses. Cette homme as abusé de la confiance
que vous lui avez accordés; mais la vengeance
que vous en avez tiré lui a donnée lieu de se
repentirent de son crime. Général, vous avez
moins de soldats que je ne vous en ai confiés. Sire,
vous avez aussi moins de généraus que vous n'en
aviez choisis; mais vous avez plus de victoires
que vous n'en aviez espérées.

THÊME TROISIÈME.

Si nous avions approuvés les desseins de ce
jeune homme, si nous nous étions laissés séduirent
par ces mensonges, il eût encore commis plus
de fautes qu'il n'en as faites. Vôtre famille as
conquis plus de richesses qu'elle n'en avait dési-
rées; les secours que vous en avez obtenu, doive
vous porté de plus en plus à l'aimé. Cet femme
s'est laissée tromper; elle a vendûe sa maison, et
la somme qu'elle en as tiré, n'égalent pas les dépenses qu'elle à faite pour l'embellirent depuis
qu'elle y habitent. Corneille as composés lui seule
plus de tragédies que d'autres n'en ont lues; les
beaux morceaus que vous en avez tirés pour nous
les faire apprendre, sonts presque divins. Vous
nous avez promises plus d'histoires que vous n'en
avez racontées. Ont as donnés à ce poète plus
d'éloges qu'il n'en avait mérités : il nous avait

promises de plus belles pièces qu'il ne nous en
a données. Nous avont eu le bonheure de parler
au prince ; les faveurs que nous en avons obtenu,
ont surpassées nôtre attente. Mon ami, vous avez
plus de fautes dans votre devoire que vous n'en
avez trouvées dans l'exercice de cacologie que
nous vous avont donnés à faire. Ont nous a promis plus de choses qu'on en as tenues. Elisa, vous
avez plus de robes que je ne vous en ai achetées ;
celles que vous avez reçu de votre tante ne me
plaise pas. Les mauvais compliments que j'en ai
reçus, ont excités mon indignation ; mais la vengeance que j'en ai tiré, lui a faite vomir encore
plus de sottises qu'elle ne m'en avait déjà données..
Voilà la prairie que nous avons vendus ; la somme
que nous en avons reçus, n'est pas suffisante pour
payé les lettres de change que l'ont nous a envoyé.
Mélanie, tu as plus de bijoux que je ne t'en ai
donnés ; les bienfaits que tu a reçue de ton oncle
sont bien mérité.

Neuvième règle. *Le participe passé joint au
verbe avoir précédé du mot* le, *ne varie que quand
le pronom* le *se rapporte à un substantif.*

THÈME PREMIER.

Vous voyez, messieur, que la langue latine
n'es pas aussi difficile que vous l'aviez pensée ;
les règles que nous vous avont donnés, ne sont
pas aussi compliqué que vous vous l'étiez imaginées. Les tragédies de Crébillon ne sont pas aussi
bien fait que nous l'avions crues. Votre sœur
n'est pas toujours la même que nous l'avont
connu. Caroline est toujours la même que je l'ai
vu ; sa mère est plus riche que je ne l'avait soupçonnée. L'histoire d'Espagne n'est pas aussi intéressante que nous ne l'aviont pensée. La langue
italienne est plus facile que je ne l'avais crue ;
elle est plus riche, plus élégante que je ne l'avais
imaginée. Ces messieur ne sont pas aussi savant

que nous l'avions pensés. Il n'est pas possible que Louis XI aie été aussi cruelle que les historiens nous l'ont représentés. Voilà des demoiselles qui ne sont pas aussi instruite que nous l'avions crues; elles sont plus coquettes que nous ne l'avions imaginées; elles danses plus mal que nous ne l'avions pensées.

THÈME SECOND.

Votre fille est toujours la même que nous l'avons connu. Victoire n'est pas aujourd'hui la même que je l'ai vu. L'histoire grèque est plus intéressante encore que je ne l'avais pensée. Les Anglais ont remportés sur terre plus de victoires que je ne l'avais crues. La religion est plus sublime que nous ne l'avions pensée. La vie des grands hommes de la Grèce est plus curieuse que nous ne l'avions crue; les belles actions qu'ils ont faits, sont plus célèbres que nous ne l'avions imaginées. Votre cousine est toujours la même que nous l'avont vus; elles n'est pas aussi pieuses que nous l'avions crues. La langue grèque n'est pas aussi difficile que nous l'avions crue; les principes que Burnouf nous a donné pour l'étudié, sont plus simples que nous ne l'avions imaginés. La France n'est pas aussi riche que nous l'aviont imaginée. L'Espagne est plus riche que je ne l'avais crue; elle est moins peuplé que je ne l'avais imaginée. Voilà une jeunes personne qui est toujours telles que nous l'avont connu. Thérèse n'est pas aussi dévote que je l'avait pensée; elle est moins bèle que je l'avait crue.

DIXIÈME RÈGLE. *Le participe passé des verbes impersonnels* il a fait, il y a eu, *demeure invariable.*

THÈME PREMIER.

La famine qu'il y a eue sous le règne d'Henri IV, pendant que se prince faisais le siège de

Paris, a faite mourir bien des personnes. Avez-vous lus Fénélon? les phrases qu'il a faites sont bien arrondi. La fièvre janne qu'il y a eue en Espagne, en 1810, a faite bien du ravages. Les froids qu'il à faits en 1803, ont été bien funeste a la récolte. Les inondations qu'il y a eues cet année dans les provinces du midi, ont faites bien du dégât. Les larmes que vous avez faites verser a cet enfant, m'ons attendries. Les haute discussions qu'il y a eues cet année à la chambre des députés, ons intéressées tout la France. Les fautes que vous avez faites commettre à ses jeune gens, ne sont pas pardonnable. Les disputes qu'il y a eues entre les députés et les ministres, ont été très-sérieuse. Le spectacle qu'il y a eue à Tivoli, y à attirée une grande foule. Louis VII à fait de grandes fautes; mais trouvez un Roi qui n'en ait point faites?

THÉME SECOND.

Les réjouissances qu'il y a eues à la cour et dans tout le royaume, lorsque le duc d'Angoulême est revenu d'Espagne, ons étées magnifiques. La guerre qu'il y à eue, en 1814, est fameuses par ces désastres. Les tremblements de terre qu'il y a eus dans le royaume de Naples, sur la fin du dernier siècle, ont faits périr bien des personnes. Ses enfants ont faites de grandes fautes dans leurs devoirs; mais trouvez en un qui n'en ai point faites? Après la mort de votre mère, votre situation s'offriras a vous sous des idées plus affligeant que celles que vous avez eu jusqu'aujourd'hui. Les pluies continuelles qu'il a faites, ons causé toute les maladies qu'il y a eues cet année. Les campagnes qu'à fait Louis XIV, seront à jamais célèbre; les grands hommes qu'il y à eus de son temps, n'ons pas peu servis à le rendre immortelle. Les révoltes qu'il y a eues sous le règne de Louis XIII, ons été apaisés par l'habiletée de Richelieu. Les négociations que se ministre a fait, ont tou-

jours été au profit de la France. Ont se souviens
des froids qu'il a faits sous le règne de Louis XVI,
des malheures qu'il y a eus; On sait que ce prince
parcourait les places publics de Paris, pour voir
si les pauvres ne manquait de rien.

ONZIÈME RÈGLE. *Le participe passé des verbes
neutres n'est point susceptible d'accord, puisque
les verbes neutres n'ont point de régime direct;
mais un grand nombre de verbes neutres ont
aussi le sens actif, et alors ils suivent la règle
des verbes actifs.*

THÊME PREMIER.

Je serait trop heureux, disais un philosophe,
si, sur le point de mourir, je pouvait me dirent :
les jours que j'ai vécus, ont été bien rempli. Les
provinces que les victoires de Louis XIV nous
ont valu sont assez nombreuse. Je serais riche,
si j'avais les sommes que le château de Versailles
a coûtées. Que de soins n'eut-il pas fallus pour
entretenir la maison que vous aviez faite bâtirent;
que d'écus n'eut-elle pas encore coûtés ! Que je
serais bien plus instruits, si j'avait pu travailler
les heures que j'ai dormies ! L'argent que cet
maison m'a coûtée, eut été mieux placée ailleurs.
Je voudrait, disait un Empereur romain, effacer
de ma vie les jours que j'ai vécus sans faire du
bien. De la manière que j'ai dite, vous avez dûs
me comprendre, Les malheures que mon inpru-
dence m'a coûté, les reproches que ma conduite
m'a valu, me déchire le cœure. De la façon que
j'ai parlée, vous avez dûs sentir que ma position
n'est pas heureuses. Que de chagrins ne m'a pas
coûté mon frère !

THÊME SECOND.

Les vingt-un an que Henri IV à régnés, ont été
remplies par des actes d'une bienfaisance paternel. Les Français et les Anglais se sont toujours
nuis. Vous m'avez parlés des sommes que vôtre

premier procès vous a coûtées ; mais vous ne
m'avez rien dit des richesses immenses que le
seconds vous à valu. Pour réussire dans l'étude
de la langue grèque, il fauts s'y prendre de la
manière que Burnouf vous à prescrite. Les châtiments que vôtre conduite vous à valu, doivents
vous faire rougirent. Voilà des hommes riches ;
croyez-vous qu'ils soient dignes des honneures, des
places que la fortune leurs a valu ? Plusieurs
hommes ont vécu dans l'oubli, parce qu'ils était
pauvres. Les éloges que votre sage conduite vous
a values, doive vous flatté beaucoup. Mon fils, les
sommes que vous m'avez coûtées pour vôtre éducation, ne sont rien en comparaison des privations
qu'il m'a fallues supporté, lorsque je n'ai pas eue
le bonheure de vous voir. La France se souviendras
long temps des sacrifices qu'il a fallus faire pour
renvoyé les armées étrangère.

<h3 style="text-align:center">THÈME TROISIÈME.</h3>

Les disputes qu'il y à eues entre ses savants,
sur les causes qui ont produites la révolution, ne
sont pas encore terminé. Les quelques années que
Louis XVI à régnés, ont été l'époque de bien des
malheurs. Les quelques années que ses demoiselles ont étudiées la langue italiène, se sont bien
vîte écoulé. Pour arrivèrent à Paris il faut suivre
la route que je vous ai indiqué. Pour devenir
vertueux, il faut observé les préceptes que l'on
vous a ordonnée. Que de soins m'eusse coûté ses
bijoux, si je les avait gardé plus long-temps chez
moi.... Les honneurs que mon costume m'a valu !
Les richesses que vous avez eu, ne vale pas les
sacrifices qu'elles vous ons coûtées. Les maisons
que vous avez faites construire, ne vale pas les
sommes qu'elles vous ont coûtées. La réputation,
même la plus brillantes, ne vaux jamais les sacrifices qu'elle a coûtée. Les pistoles que nos brebis
ont values, ce montent au-delà de trois cents. Les
quelques heures que vous avez dormies, aurait dû

être employés à compter les sommes que votre procès vous a valu.

THÊME QUATRIÈME.

Les prix que nos compositions nous ont valu, ont bien contentés nos parents. Que de suffrages et d'honneures vos bonne qualités vous ont valu ! Les quinze mois que Clotaire IV a régnés, n'offre rien de remarquable. Les jours que Titus a vécus, ont toujours été rempli par de nouveaus bienfaits. Vous me parlez des succès que vous m'avez valu; mais comptez-vous pour rien les peines qu'ils m'ont coûtée. Si vous connaissiez les sommes que nos étoffes ont values, vous en seriez surpris. Savez-vous la somme que nous a coûtée la délivrance de ses prisonniers? Avez vous bien employées les heures que vous avez dormies? La somme que vous m'avez coûtée, ma fille, pour votre voyage, m'a valus bien des reproches de la part de vôtre père. La visite que j'ai fait à mon oncle, m'a value de bèles robes; la somme qu'elle lui ont coutée est bien grande. Voilà qu'elle est la mauvaise réputation que vôtre conduite vous a valu.

DOUXIÈME RÈGLE. *Le participe passé ne s'accorde jamais avec le nom singulier qui suit* peu; *mais il s'accorde avec le nom qui suit* peu, *collectif partitif. Il s'accorde encore avec le substantif dont le pronom* en *tient la place, après les collectifs partitifs,* combien, que, tant, autant, moins, plus, *lorsqu'ils sont placés l'un et l'autre avant le participe, et que déjà il y a eu accord avec un autre participe aussi précédé d'un collectif.*

THÊME PREMIER.

Le peu d'affection que vous m'avez témoignée me fait voir que vous ne me comptés plus au nombre de vos amis. Combien d'obstacles Henri IV n'a-t-il pas surmonté ! Que de difficultés n'avez-vous pas vaincu, pour traduirent ce morceau de Cicéron! Nous attribuons ces fautes contre la politesse au peu d'éducation qu'il a reçue. Le peu de richesses que vous avez amassé ne suffiront pas a vos besoins. Vous connaissez le peu de science que j'ai acquise. Combien de connaissances j'aurait acquis, si j'eusses fréquenté plus long-temps le collège! Que de malheureux ont soulagé les bienfaits de nos rois! Que de batailles Henri IV n'a-t-il pas soutenu! autant il en a livré, autant il en a gagné! Que de joie n'avons nous pas ressentis lorsque nous vous avons vu! Combien j'ai lu d'histoires! mais j'en ai lues bien peu qui m'aie parues aussi intéressante que celle des Grecs. Que de difficultés j'ai rencontré dans Homère! que j'en ai vaincu! Le peu de jours que j'ai passé avec vous m'ont parus bien courts. Que de beaux préceptes Socrate ne nous as-t-il pas donné! autant il en a prescrit, autant il en a observé!

THÊME SECOND.

Que de demoiselles j'ai rencontré dans vôtre jardin! Combien j'en ai vu qui s'amusait à cueillirent des roses! Clémence et moi nous avont faites quelque parties au dames; mais autant nous en avons fait, autant elle en as gagné. Rose a cherché des fleurs dans vôtre parterre, plus elle en a trouvé, plus elle m'en a donné. Que j'ai lu de romans! mais j'en ai lu bien peu qui m'aie été aussi agréable que celui de Paul et Virginie. Que de défauts j'ai cru trouvé dans vôtre devoir! Mais moins j'en ai trouvé, moins j'en ai corrigé. Que d'obstacles n'ai-je pas rencontré dans cet entreprise! mais autant j'en ai trouvé, autant j'en ai surmonté. J'ai lue votre composition; moins il y à eues de fautes, moins j'en ai compté. Le peu de connaissance que vous m'avez marquée, est une preuve du peu d'éducation que vous avez reçue chez vous. Que de fautes n'avez vous pas commis! Combien n'en eussiez vous pas encore fait sans nôtre secours ? Le peu de délicatesse que vous avez montrée dans cet circonstance, vous déshonorent. Combien de fois ne vous ai-je pas blamé, messieurs, du peu d'attention que vous avez donnée à vos compositions ? Ce général n'as pas été favorisé de la fortune; autant de combats il a livré, autant il en a perdu; moins il en eut livré, moins il en eut perdu; mais trop il en a livré, trop il en a perdu ! Que de villes monsieur de Vauban n'a-t-il pas fortifié !

THÊME TROISIÈME.

Je vous reprocherez toujours le peu de confiance que vous avez eue en moi. Le peu d'explications que vous m'avez donné, m'ont faites comprendre cet règle de la grammaire qui auparavant m'avais semblé si difficiles. Que de villes Alexandre n'as-t-il pas détruit ! Que de provinces Attila n'as-t il pas ravagé ! Combien de fois cet jeune personne n'a-t-elle pas dévoilée, par ses mauvais discours, le peu d'éducation qu'elle a reçue ? Louis XVIII est monté sur le trône dans des circonstances bien critique; que de fléaux avaient déchirés son royaume ! Mais plus de malheurs il a trouvé, plus il en a réparé. Le peu de troupes qu'avait conservé l'Empereur, ne l'a pas empêchées de combattre; plus d'obstacles il a rencontré, plus il en à surmonté; plus d'ennemis il a attaqué, plus il en as vaincu. Que de belles leçons Turenne n'a-t-il pas donné à tout les guerriers ! Le peu de viande que j'ai mangée ne m'a pas fait de bien. Le peu de livres que vous avez lu, ne vous appartienne pas. Que de fables cet enfant n'a-t-il pas appris par cœur ! Autant de contes il a lu, autant il en a retenu ! Que de belles leçons de morale le Christ ne vous as-t-il pas donné ! Que de victoires les Francais n'ont-ils pas remporté ! Que de grands hommes la Grèce n'a-t-elle pas produite !

RECAPITULATION
des difficultés que présente l'accord des participes.

THÊME PREMIER.

C'est ce trompé que de croire que les honneurs ne sont réservé qu'à la naissance. Esope ayant obtenue sa liberté de Xanthus, qui la lui avait souvent promis et toujours refusé jusqu'alors, se rendits à la cour de Crésus. L'Empereur aimat mieux ne pas satisfairent sa vengeance, que de manquer à la parole qu'il avait donné. Peuples que j'ai subjugué, villes que j'ai conquis, nations que j'ai rendu tributaires, fleuves que j'ai traversé, montagnes que j'ai franchis, dites s'il fut jamais un autres Alexandre? Les anciens Romains se sont distingué par leur amoure pour la pauvretée. Les places publics de Paris sont rempli de marchandises précieuses. La race des Dieux s'est multiplié ainsi que celles des hommes. Les Dieux se sont partagés l'empire des âmes. Les nègres du Sénégal sont naturellement porté au vol. Lorsque les flottes et les armées des Lacédémoniens était rangé en bataille, des musiciens dispersé dans les rangs se mettait à jouer de la flûte. Que vos ancêtres aie été affranchis, esclaves ou barbares, ne vous en trouvez point humilié. Des députés Athéniens que leur affaire avaient amené à Lacédémone, rappelère avec complaisance les batailles de Marathon et de Salamine. C'étaient eux qui les avaient gagné, qui avait chassés les barbares, qui avait sauvés la Grèce. Cléon était un homme sans véritable talent, mais agréables à la multitude; il se l'était attaché par ces largesses.

THÊME SECOND.

Darius assiégeait Babylone qui s'était révolté; il était sur le point de renoncer à son entreprise, lorsque Zopyre parût en sa présence, toutes les parties du corps mutilé et couvert de blessures. Et quel main barbare vous a réduite en cette état, s'écrient le Roi! Des historiens ont flétris la mémoire d'Alcibiade; d'autres l'ont relevé par des éloges. La ville de Troie était protégé par une armée nombreuses. Que sont devenu les enfants que je vous ai confié? Je vous ferai toujours un crime des fautes que vous leurs avez laissés commettre. La reine n'a du son salut qu'à la fermeté qu'elle à montré. Nous ne nous somme point laissés séduire par les promesses qu'ont nous a fait; nous ne nous sommes pas laissés intimider par la crainte des châtiments dont on nous à menacé. J'ai lu la composition que vous avez fait; les fautes que j'y ai remarqué, prouves que vous l'avez fait avec précipitation, et que vous ne l'avez point relu. On dit que quelque signes de révolte ce sont manifesté dans l'Espagne. Les troupes alliées ont prises part aux combats qui se sont livré dans la Catalogne, et elles y ont déployés une ardeure que toute l'Espagne à admiré. Ces magistrats devrait être puni, non pour les maux qu'ils ont fait, mais pour ceux qu'ils ont laissés fairent.

THÊME TROISIÈME.

La question que ses savants se sont proposés de traiter, me paraît très-difficiles. On dit que l'un d'eux se flatte déjà de l'avoir résolu. Que d'éloges n'ont pas obtenu Charlemagne, François I.er et Louis XIV, qui se sont déclaré les protecteurs des arts, des lettres et des sciences! Les orateures et les poëtes se sont disputés l'honneure de transmettre à la postéritée les récompenses que ses princes ont accordé aux savants. Mes amis, nous avons donnés les conseils que nous avons cru les plus propres à vôtre situation. Vos cousines ont eues hier une grande frayeur dans leurs maison. Elles s'étaient imaginé un

moment qu'elles entendait une voix qui demandais
du secours. Lorsque je suis arrivé chez elles, je
les ai trouvé presque morte; je les ai rassuré;
bientôt elles ont reconnus que personne ne cri-
aient, et elles se sont cru trompé par leurs imagination. Avez-vous vue la belle montre que j'ai
acheté ? Il est essentiel, à dit Solon, que les
magistratures ne soit accordé que pour un temps,
et que celles qui ne demande pas un certain dégré
de lumières, soient accordé par le sort. Les deux
amis que vous avez vus arrivé chez moi, ont été
poursuivi par des voleures; ils se sont laissés
dépouiller: en fuyant, ils se sont laissés tomber,
et se sont meurtris le visage.

THÊME QUATRIÈME.

Que de soins m'a coûté l'affaire que j'ai entrepris, et que j'ai si mal terminé. Les princesse
ont étées à Vincenne; elles se sont promenées;
elles se sont ennuyé, parce que le temps était peu
favorable à la partie de plaisire qu'elles s'était
proposée de faire. Le peu de progrès que ses demoiselles ont fait dans l'étude de la langue Italiène
à laquelle elles se sont appliqué depuis trois ans,
prouve que la méthode que la maîtresse à suivi
n'a pas produite les succès qu'elle en avait espérés.
Le peu de jours que j'ai passé si agréablement
chez vous, se sont bientôt écoulé. Ma tante s'est
permise de me faire des reproches que je n'avais
pas mérité. Des disputes s'étaient élevé entre Jules
et Louis; mais mon cousin et moi nous nous
somme proposé pour médiateures, et la dispute
s'est promptement terminé. Les fidèles qu'on a
contraint de renoncer à la religion chrétiène, se
sont ensuite laissé mourir de désespoir, à cause
de la promesse, qu'ils avaient fait d'abjurer une
religion qu'ils avaient jurée de signé de leur sang.
Mes amis, les fautes que vous avez commis, vous
seront pardonné, si vous en faite l'aveu.

THÊME CINQUIÈME.

Les quelque jours que nous avont voyagés, pour allé de Paris à Toulouse, nous ont rendu malade. Que de difficultés n'avont nous pas eues à surmonter, pour arrivèrent au but que nous nous étiont proposés d'atteindre. La romance que je vous ai entendue chanter, ne m'a pas paru bien fait; mais les vers de Voiture que je vous ai entendus lire, me semble beaux. Les quelque mois que j'ai vécus à Paris n'ont pas étés agréables. Le peu d'amitié que m'a témoignée ma cousine, m'a révoltée. Les quelque lieues que nous avons fait, pour arrivé de Meaux à Paris, nous ont coûtées vingts-cinq francs. Les quelque jours que j'ai demeurés à Orléans, ont été les plus beaus de ma vie. Que de larmes n'ai-je pas versé, lorsque j'ai dit un éternelle adieu aux personnes qui m'avaient si bien reçues ! Combien de fois ne les ai-je pas supplié d'accepté les témoignage de ma gratitude ! Que de malheurs me sont arrivé dans l'espace d'un an ! Les trois mois qu'as duré ma correspondance avec mon ami, se sont bientôt écoulé. Les morceaus de tragédie que je vous ai entendus déclamer, sont charmant. Quelle disette n'y à t il pas eue en France, sous Henri IV.

THÊME SIXIÈME.

Nos soldats ne se sont pas laissés ébranler par les menaces que l'Anglais leurs à fait. Savez-vous quelle sont les ennemis que l'immortelle Racine à eu a combattre? Vos chères et aimables cousines sont venu nous voir; nous les avont entendu chanter les chansons les plus belles qu'on ait jamais entendu. Savez-vous qui les as composé? Mademoiselle de T.*** s'est proposée d'enseigner la grammaire à mes enfants; elle s'est transporté chez moi; mais elle s'est présenté bien mal; et comme elle s'est donnée des airs de grandeur, qu'elle s'est permise de parler trop librement, et qu'elle a affectée un ton qui ne lui conviens pas, je l'ai refusé : Elle est parti bien mécontente. Ses vieux soldats qui se sont battu hier, qui se sont dits des injures, se sont donnés un rendez-vous pour mardi prochain. Ils s'étaient imaginés que le général ne serais pas instruit des querelles qu'ils avaient eu, des mauvais propos qu'ils avaient tenu ; mais ils se sont trompé. Nous les avons vus conduire hier au corps-de-garde. Les chansons obscènes que nous leurs avont entendues chanter, nous ont forcé de nous éloigner d'eux. Je doit vous blâmer, messieurs, de vous être laissés entraîner au vice le plus honteux. La foudre que nous avont entendu gronder, est tombé sur une ferme voisin, et l'à réduit en cendres.

THÊME SEPTIÈME.

Que dirent du peu de progrès que ces enfants ont fait dans la langue que nous leurs avons enseigné ? Vous ne savez pas les écus que m'ont coûtés les réparations que j'ai faites faire à la maison que j'avais acheté en mauvais état ? Ma maison de campagne ne vaux pas aujourd'hui les quarante cinq milles francs qu'elle a valus, lorsque je l'ai acheté. L'armée que nous avons vu arriver hier, est reparti aujourd'hui. Nous nous estimons heureux de n'avoir pas suivi les avis que vous nous avez donné, ni les mesures que vous nous avez engagées à prendre. Les douleurs qme j'ai sues que vôtre conduite causerait à vôtre mère, m'ont déterminées à ne pas lui parlé de vous dans la lettre que je lui ai écrit. Dans la réponse que j'ai reçu, elle me contes les peines que vous lui avez causé. Vous êtes indigne de l'amitiée qu'elle vous a témoigné. Pourquoi nous parlez vous de la religion que vous avez toujours méprisé ? Pourquoi vous vantez vous des préceptes que vous n'avez jamais suivi ? Cet mère infortuné s'est laissé mourir de douleure, lorsqu'elle a reçue la lettre que je lui ai écrit, pour lui annoncé la mort de son fils. Les généraux ont laissés l'armée courir en liberté d'une ville à l'autre ; que de désordres ne sont pas résulté de cet licence !

THÊME HUITIÈME.

Jules à bien profité des leçons que ces maîtres lui ont donné ; il a remporté presque tous les prix pour lesquelles il a concourus : aussi, sa mère, pour le récompensé, lui a accordées toutes les faveures qu'il a voulues ; elle lui a achetées tous les ouvrages de littérature qu'il as demandé. Il as été voir son oncle à Rouen ; les récompenses qu'il en a obtenu, lui ont faites beaucoup de plaisire. Les tentes que le général a faites dresser, sont plus belle que nous ne l'aviont imaginées. Ses élèves ne sons pas toujours les même que nous les avont connu. Les mathématiques ne sont pas aussi difficile que nous l'aviont pensées. Ses jeunes demoiselles ne sont pas aussi sages que nous l'aviont crues ; elles sont moins instruites que nous l'aviont imaginées. Les quelque heures que j'ai travaillées à mon devoir, se sont enfuies bien vite. Le château de Versailles ne vaut pas aujourd'hui les sommes qu'il a coûté. Tout le monde connais les massacres qu'il y a eus sous le règne de Charles IX, les disputes qu'il y a eues entre Henri IV et Sixte-Quint. Les jours que j'ai vécus à Bordeaux, me rappèlent des souvenirs agréables. Les chaleurs qu'il a faites dans l'Aragon, ont causées bien des maladies. Le peu de soupe que j'ai maugée hier, m'a faite du bien.

THÊME NEUVIÈME.

La cloche que j'ai entendu sonner, m'a fais souvenir de la parole que j'ai donné de me rendre au Luxembourg. Les hymnes que nous avons entendues chanter, nous ont parues belles ; Santeuil les a composé. Les orages qu'il a faits, cette année, dans plusieurs départements de la France, ont réduits bien des familles à une état pitoyables.

Les sommes que l'on a envoyé en Grèce, et qui
peut-être n'arrive pas à leurs destination, devrait
être donné aux malheureux qui ce trouve dans
nôtre patrie. Ont nous à souvent promis plus de
services qu'on ne nous en a rendus. Votre sœure
à vendue sa maison ; mais je ne sais pas la valeur
qu'elle en a reçu. Ces hommes ont été attaqué ;
ils n'ont pas cherchés à se défendre ; ils se sont
laissés voler ; ils se sont laissés battre ; ils sont
revenu chez eux couvert des blessures qu'ils
avaient reçu. Cet reine qu'on a laissé mourir sur
l'échafaud, étais la femme du roi Louis XVI, que
les révolutionnaires ont faits décapiter. Que de
crimes n'y a-t-il pas eus en France à cet époque !
Avez-vous vue la belle toile que nous avons acheté
à Amsterdam ? Vos sœurs s'étaient imaginées
qu'elle nous avait coûtée plus cher qu'en France ;
mais elles s'étaient trompé. Je suis bien éloigné
d'approuver la résolution que vous avez pris. Avez
vous vues les belles robes que Pauline s'est achetée? Croyez vous qu'elles vaille les sommes qu'elles
ont coûtées ? On as menacée votre mère de lui
faires un procès, si elle ne se soumettais point
aux accommodements qu'on lui a proposés. Elle
s'est enfin résigné aux sacrifices qu'on avait en
vain exigé d'elle. Le roman de Marmontel que je
vous ai entendus lire, me sembles bien fait. Que
dites vous de la femme que nous avont vus peindre, lorsque nous avons étés au cabinet. Nous
avons faits tous les efforts que nous avons pus.
Nous avons suivis tous les conseils que vous nous
aviez donné, pour retiré se jeune homme du vice ;
mais nous n'avons pas réussis dans nôtre entreprise. Les belles fêtes qu'il y a eues, cet année, aux
environs de Paris, ont été honoré de la présence
de la princesse que tout les Français chérisse.
Les quelque heures que j'ai dormies, m'ont soulagé la tête. Que dites vous des sommes que le
commerce à valu à vos parents ?

THÈME DIXIÈME.

Les diverses qualités des hommes, leurs inclinations bonnes ou mauvaises ont été personnifié par les poètes, et présenté comme des êtres supérieures à l'homme. Les épreuves était les moyens que nos pères avaient imaginées, pour s'assurer de la véritée des faits. Ces épreuves étaient regardé comme le jugement de Dieu. Les dernières lettres que nous avons reçus de votre pays, nous annonce la mort de vôtre tante, qui s'est laissé mourir de désespoir, à cause des fautes que son frère a commis. Que de familles sont tombé, cette année, dans la misère! Les orages qu'il a faits à Avignon, ont causés les plus grand ravages; Nous n'en avont jamais vus de plus forts. Souvent des disputes se sont élevé parmi les hommes, pour des causes qu'ils eusses mieux faits de dédaigner. Mon fils, où sont les fruits que vous avez tiré des leçons que vos maîtres vous ont donné ? Que savez vous sur la langue Grèque qu'ils vous ont enseigné? Je vois que vous n'avez pas profités des avis que vous en avez reçu. Pourquoi n'observez vous pas les règles de la politesse que nous vous avont prescrit? Votre sœur s'est faite moquer d'elle, pour n'avoir pas voulue suivre les conseils que sa maîtresse lui avait donné. Nous l'avons vu rougir devant des personnes qu'elle avait méprisé, et qu'elle avait cru sans éducation. Les ouvrages que vous avez acheté à Paris, vale bien les sommes qu'ils vous ont coûtées; les auteures qui les ont composé, sont tous né dans votre département. Les montagnes de la Suisse ont vues naître Jean-Jacques Rousseau. Les arguments que ce célèbre philosophe as porté contre la révélation, ons été détruit. Les disputes qu'il as eu avec Voltaire, sont connu de tout le monde. Les chansons que nous avons entendues chanter hier, sont mieux faite que nous ne l'avions imaginées. Le poète qui les as composé, ignores peut-être quelle réputation il s'est acquis. Nous regrettont bien les peines que nous nous somme donné pour instruirent cet enfant, qui n'a pas profitées des leçons que nous lui avont donné.

THÈME ONZIÈME.

Le peu de soins que vous avez donné à cet affaire, est cause qu'elle n'a pas réussie. Bien des personnes se sont imaginées que les richesses rendes les hommes heureux ; mais elles se sont trompé. La règle que nous avons donné, est bonne ; mais l'application que vous en avez fait, n'est pas justes. Les grands hommes ont sus oublié les injures qu'ils avaient reçu. Les différents qu'il y a eus entre Bossuet et Fénélon, ont excités un vive intérêt. Quel soumission l'archevêque de Cambrai n'a-t-il pas montré, lorsque le pape as condamné les propositions qu'il avait avancé dans son ouvrage? Les oiseaus que nous avons vus prendre, sont des chardonnerets ; les enfants qui les ont tué, demeure près de la maison neufe que vous avez faite bâtir. Que d'insultes ses hommes n'ont-ils pas reçu ! Sans écouté les sages avis que nous leurs avons donné, ils se sont battu ; ils se sont jetés des pierres ; ils se sont traité de scélérats ; ils sont tombé presque mort. Ils se sont bien trouvé des remèdes que nous leurs avons appliqué. Les fables que Fénélon as composé, sont peut-être les plus belles que nous ayont lu. Nous ne voulont pas parler de La Fontaine ; celles qu'il a fait, sont bien au-dessus des éloges qu'elles ont mérité. L'histoire naturel que nous avons lu, est fort intéressant.

THÈME DOUZIÈME.

Athènes ville très-considérables de l'anciène Grèce, est fort célèbre par le nombre des grands hommes qu'elle a produit. Elle est situé dans l'Attique, petits canton de l'Achaie. Dans les vers Grècs que nous avont entendus lire, nous avont remarqués celui-ci. Le bon esprit et la pauvretée logent souvent ensemble; et s'est là pauvretée qui rendits Homère poète. Nous avont tirés de là cet conséquence, que les richesses que nous avont reçu de nos pères, que les biens qu'ils nous ont laissé, ne nous mette pas au-dessus des autres hommes Votre sœur qui nous as entendu parler, et qui avait aussi retenue le sens de se vers Grec, en a tirée cet conclusion, qu'il vaux mieux être pauvre qu'ignorant. Syracuse après avoir essuyées plusieurs révolutions, s'étais enfin arrêtée au gouvernement républicain. Vous avez dus voir, messieur, dans l'histoire ancienne que nous vous avons donné à lire, que Démétrius, après avoir levé le siège de Rhodes, allas rejoindre Antigone, pour marché avec lui contre l'armée des princes confédéré, commandé par Séleucus. Ces demoiselles se sont rencontré hier a la promenade; elles se sont dites qu'elles n'avaient pas réussies dans l'affaire qu'elles avaient entrepris. Plusieurs d'entr'elles s'étaient imaginées que la fête du village voisin ne serais pas belle sans elles; je leurs ai dit qu'elles s'étaient trompé; elles ont été faché des mauvais compliments que je leurs ai fait. Si vous saviez que de sottises m'ont valu quelque paroles qui me sont échappé! Les chevaux que nous avons vu courir, galopé dans la plaine, appartiennes à mon oncle; il les as achetés à Soissons. Je ne crois pas qu'ils vailles les sommes qu'ils lui ont coûtées. Mon ami, voilà une version mieux rendu que nous ne l'aviont imaginée. Que de mères de famille se sont laissé mourir de chagrin, pour des fautes que leurs enfants avaient commis! Où sont les oiseaus que nous avons entendu chanter hier dans vôtre cabinet? Les avez vous laissé s'échapper? Pourquoi n'avez vous pas répondu à la lettre que je vous ai envoyé?

9*

DES ADVERBES ET DES PRÉPOSITIONS.

(*Voir* la grammaire, pages 212 et 213.)

THÈME PREMIER.

Vous avez davantage de fortune que votre frère. Venez ici ou je suis; ensuite vous irez la ou ils sont; où, si vous l'aimez mieux, vous resterez la ou vous êtes. Mon ami vas chez ton oncle; passes par-la ou il est, auprès de la rivière d'Oise, ou vas chez ta cousine. Mangons la ou ils sont, où sous ces arbres qui nous offrent une ombre hospitalière. Nous avons été passé la bèle saison en campagne. Pendant tout ce temps l'armée était à la campagne. Je suis prêt de succomber; la douleur m'accables. Ou est Jules? il est la, ou a l'école, où chez la voisine, ou il va ordinairement, quand il sort de-la ou il est. Ou est située l'Egypte? En Afrique. Mes amis, vous ne sortez pas de là pension? Ou êtes-vous allé? Ou allez-vous, Victor? Je vous conseilles de demeuré la ou vous êtes, où d'attendre que vôtre cousin viennent vous cherché. Reposez vous la ou nous sommes, où faite une partie avec Victoire. Nous avons passé quelques mois a Bordeaux, ou nous avons quelque bons cousins. Emilie, attendez-moi la ou vous êtes, où allés vous promener dans le jardin ; lorsque je reviendrai, j'irai vous voir la ou vous serez. Ou vont ses écoliers ? Ils vont au collége, ou ils sont attendu par le professeure. Venez me voir dans la maison ou je suit, où je viendrez moi-même la ou vous êtes. Voilà un pauvre homme qui dort dans là rue, la ou il est, où dans les champs, partout ou il se trouvent. Par ou êtes vous passé en revenant de Londres ? Vous savez ou sont vos condisciples ; voulez-vous aller la ou ils joue, où aimez vous mieux rester la ou vous êtes, où ici ou je suis. Alexandre, reste la ou tu est. Vous êtes davantage estimé que votre ami. Nous sommes prêts d'être condamnés à l'amende.

Nous devons bientôt partir pour aller en campagne. Les troupes restères six mois à la campagne. Tournez à l'entour de cet table. Il est arrivé auparavant vous. Nous passâme au travers les ennemis,

THÊME SECOND.

Vous perderer davantage que vous ne gagnerez dans cet affaire Que pensez vous de la révolution? Elle a été terrible la ou nous sommes. La nuit du treize au quatorze novembre, ont as fait périrent un grand nombre de personnes la ou vous êtes; la cruauté étais à son comble la ou la religion se montrais. Mon frère reviens de la chasse, ou il est allés se matin. Nous revenons de là maison de campagne ou résides nôtre oncle; nous vous présentont les poissons que nous avont pris dans la rivière. Lorsque j'irai en Auvergne, je passerez par la ville de Lyon, par la ou est mon oncle; où si je change d'avis, je viendrai par la ville de Clermont, ou je verrai vôtre cousin dans la maison ou il travaillent, la ou il est, partout ou il seras. D'ou viens Charles? de là pension; de la ou sont ses camarades, où de chez ses cousines. Savez vous ou elle demeure, la ou elle est, ou est situé la maison de campagne que son oncle lui as donné? Nous avons aperçus des rames écarté ça et la sur le rivage de la côte voisine. Voila des personnes de là ville de Bourges, ou vous habitez; elles viennent ici ou nous somme; voulez vous les attendre, où allé au devant d'elles? Ou avez-vous vu Charles X? à Paris, dans la chapelle ou il entends la messe, dans son château, la ou il est. Voici les amis de la maison ou nous somme, de la famille ou nous allons souvent. Ou est mort Charlemagne? Ou a été inhumé Louis XVIII. A Saint-Dénis, la ou vous êtes, ou vous avez des amis. Qui écriras cet lettre? Vous où moi, la ou nous sommes. Nous étions prêts d'être vaincu, lorsqu'il nous arrivat du renfort. Les armées ennemies ne sont plus à la campagne. Partont pour aller passer quelque temps en campagne. Restez à l'entour de nous. Ne partez pas auparavant votre ami. Passons à travers des forêts.

RÈGLES DE LA PONCTUATION.

I. — DE LA VIRGULE.

1.º *La virgule se place entre les substantifs, les adjectifs et les verbes qui se suivent.*

2.º *La virgule sert aussi à distinguer les différentes parties d'une phrase.*

THÈME PREMIER.

Vespasien Tite Nerva Trajan Adrien Antoine-le-Pieux et Marc-Aurèle ont été les meilleurs empereurs païens. Caligula Néron Dommitien Commode Caracalla Héliogabale et Dioclétien ont été les plus méchants. Charles IX roi de France, aimait la gloire les lettres les sciences. Henri IV avait avant de monter sur le trône peu d'amis peu de places importantes peu d'argent et une petite armée; mais son courage son activité sa politique suppléait à tout se qui lui manquait. Camoëns d'une anciène famille portugaise naquit en Espagne dans les dernières années du règne célèbre de Ferdinand et d'Isabelle tandis que Jean II régnait en Portugal. Les richesses qui sont le dieu de l'avare ne saurait rendre les hommes heureux. La science qui est le fruit du travail ne laisses jamais l'homme sans consolation. Les armes des anciens Français était la massue le maillet la fronde la hâche et l'épée. L'envie qui est la marque d'un mauvais caractère viens de l'orgueil passion que tous les hommes devrait détesté. Charles V fut le premier qui depuis Charlemagne aimat les gens de lettres les favorisat les protégat et leur accordat des titres honorables. Louis XVIII montât sur le trône à une époque ou les esprits qu'il avait à gouverné était bouillants difficiles inquiet mécontent et irrésolu sur le parti qu'ils devait prendre.

THÊME SECOND.

Enfin pour arrêter cette lutte barbare,
De nouveau l'on s'efforce on crie on les sépare.

Boileau.

Scipion l'Africain celui qui à le premier porté se nom et qui vainquis Annibal ne le cédes à aucun capitaine romain tant par le nombre de ces victoires que pour la valeur du chef qu'il défis. Charlemagne fut pieux juste et charitable; il fit bâtir des églises et des monastères. Les éloges que nous recevons des hommes de bien ont un prix infinis. Nos anciènes habitudes un certain préjugé un faux point d'honneur nous ont rendu vos ennemis. Venez mes amis venez recevoir les couronnes que votre travail vous as mérité. Approchez vous cher Télémaque! Mentor vous pardonne. Adonis fils de Myrrha fut tendrement aimé de Vénus. On dit que Gabrièle d'Estrées était belle qu'elle avait de l'esprit que que ces paroles étaient pleines d'une grace d'une harmonie d'une douceur que l'on ne saurait dire. La guerre la peste la famine enfin tous les fléaux les plus cruels ravagère Paris lorsque le bon Henri en faisait le siége. Charles IX fus toujours malade depuis la saint Barthelemy et mourus environ deux ans après dans le mois de mai 1570 tout baignée dans son sang qui lui sortait par les pores.

II. — DU POINT AVEC LA VIRGULE.

Le point avec la virgule se met entre deux phrases dont la seconde dépend de la première.

THÊME.

Homère vivait probablement environ huit cents cinquante années avant l'ère chrétienne il était certainement contemporain d'Hésiode. Il est certain qu'il florissais deux générations après la guerre de Troie : ainsi il pouvait avoir vus dans

son enfance quelque vieillards qui avaient été à
ce siège il devait avoir parlé souvent à des grecs
d'Europe et d'Asie qui avaient vu Ulysse Ménélas
et Achille. La médecine peux prolongé nos jours
et guérir nos infirmités c'est pourquoi nous devons y donner nos soins. L'architecture comme
presque tous les arts a pris naissance en Asie
mais c'est en grèce qu'elle s'est perfectionné.
Tibère était fils de Livie et de Tibère Néron il
montat sur le trône à l'âge de 55 ans. C'était un
prince dissimulé et hais par sa cruauté son avarice ses débauches et son orgueil mais il cachait
ses vices avec beaucoup d'adresse et de politique.
Caligula son successeure était née de Germanicus
et d'Agrippine il était petit neveu de Tibère il fut
nommé Caligula à cause d'une espèce de bot-
tines qu'il portaient. Les commencements de son
règne fure heureux mais peu de temps après
il s'abandonnat à la débauche et à la cruautée.
Après la bataille de Cannes Annibal aurait pu se
rendre maître de Rome où tout était dans la
consternation mais il ne sut pas jouir de sa victoire. Au sortir de cette vie s'ouvrent deux routes
l'une mene aux supplices éternelles les âmes qui
se sont souillées ici bas par des plaisirs honteux
l'autre conduit au séjour des Dieux celles qui se
sont conservé pures. Les principaux faits du règne
du roi Louis XII sont au rapport d'un historien : la
conquête du Milanais et de Gênes les batailles de
Séminare et de Cérignoles la révolte et la soumission de Gênes la ligue de Cambrai la bataille
d'Agnadel les exploits de Nemours et de Bayard.
La médecine dit un historien ecclésiastique est de
même date sans doute que les maladies car dès
qu'on les as senti ont a cherchés à s'en délivrer
et les maladies sont aussi anciènes que le monde
puisqu'elles ont étées la suite et la peine du péché.
Les Scythes étaient recommandables par la pureté
et la simplicité de leurs mœurs le lait et le miel
faisait-leur principale nourriture ils habitait sous

des tentes dressé sur des chariots. Le corbeau était autrefois l'oiseau d'Apollon et avait le plumage blanc mais comme il avait découvert a ce Dieu l'infidélité de la belle Coronis celui ci fut si irritée de cette nouvelle qu'il le changeât de blanc en noir et qu'il tuât sur le champ cet nymphe.

III. — DES DEUX POINTS.

On se sert des deux points, 1.° après une phrase finie, mais suivie d'une autre qui l'éclaircit, ou qui l'étend ;

2.° Quand on passe à un discours direct qu'on rapporte.

THÊME.

Alcithoe et ses sœurs filles de Minée ne furent point touché de la punition de Penthée elles se moquérent de Bacchus au lieu d'en célébrer la fête elles travaillère à leur ordinaire a filer et a faire de la toile elles racontait des fables pour ce désennuyer elles fures elles mêmes changées en chauve-souris. Solon était un jour avec des philosophes qui conversaient ensemble comme il gardait selon sa coutume un profond silence un d'eux osa lui dire qu'il ne prenait ce parti que parce qu'il était fou. Ce sage se contenta de lui faire cet réponse jamais un sot n'a su gardé le silence. Socrate demandât un jour a Xénophon ou les hommes devenait honnête et bons Xénophon dit qu'il ne le savait pas Hé bien suivez-moi repliquat Socrate. Mes amis il ne faut jamais mépriser ceux qui sont moins riches que vous car qui vous as dit que la fortune ne vous délaisserais pas un jour. On n'entendait plus parler des exploits d'Hercule les monstres et les scélérats recommençaient à paraître les Grecs ne savoient que croire de lui les uns disoit qu'il étoit mort d'autres soutenoit qu'il étoit aller dompté les Scythes mais Ulysse soutint qu'il était mort. Il vint me trouver dans un temps ou je ne pouvait me consoler d'avoir perdu le

grand Alcide il eut une peine extrême à m'aborde
Je ne songeais qu'à pleurer à la vue des déserts
du mont Oëta mais la douce persuasion étoit sur
les lèvres de votre père il parut presqu'aussi
affligé que moi il versât des larmes. Télémaque
répondit à Adoam avec un étonnement mélé
de joie je vous ai vu je vous reconnais mais je
ne puis me rappelé si c'est en Egypte ou a Tyr.
Alors Adoam s'écriat tout-à-coup vous êtes Télémaque que Narbal prit en amitié lorsque nous
revînmes d'Egypte. C'est la barbe qui rendais
les boucs vénérables avant que leur fémelle en
eusse aussi car la barbe l'habit et tout ce qui est
extérieur fais souvent beaucoup plus que la raison
et le mérite. Je vous quitte ô fils d'Ulysse mais
ma sagesse ne vous quittera point. Si ces enfants
eussent suivi nos avis ils auroit su ce que nous
apprenne tout les philosophes qu'il vaux mieux
être pauvre qu'ignorant. Il n'y a point d'état auquel les sciences ne convienne car dit Diogène
elles sont le frein des jeunes gens la consolation
des vieillards la richesse des pauvres et l'ornement
des riches.

IV. — DU POINT.

*Le point se met après une phrase entièrement
finie : il est interrogatif, si la phrase exprime
une interrogation ; il est exclamatif, quand la
phrase exprime la surprise, la terreur, la pitié
etc., ou après une interjection.*

THÊME.

Cléopâtre allant à Tarse ou Antoine l'avait
mandée fit ce voyage sur un vaisseau brillant d'or
et orné des plus belles peintures Les voiles étoient
de pourpre les cordages d'or et de soie Cléopâtre
était habillée comme on représentent Vénus ses
femmes représentait les Nymphes et les Grâces
la poupe et la proue étoient rempli des plus beaux

enfants déguisés en Amour elle avançait dans cet équipage sur le fleuve Cydnus au son de milles instruments de musique les insultes d'un brutal et les attaques malignes auxquelles ont peux survivre ne sont qu'un jeu pour le sage et lui font honneur Socrate n'en faisait pas plus de cas que de quelque coups de pied d'un âne auquel un homme ne répond pas par une ruade Sixte-Quint étant cardinal de Montalte contrefit si bien l'imbécille près de quinze ans qu'on l'appelait communément l'ane d'Ancone quel est le Français qui n'aimerait pas Charles X si ce bon prince pouvait faire à tous ces sujets tout le bien que son cœur voudroit fairent ils verrait combien il est digne de leur amour l'homme ne peut il pas ce tromper avec toutes les leçons des philosophes que fais tu Emile tu ne travaille pas ah que tu m'afflige tes maîtres ne sont jmais contens de grâce mon ami sois sage laborieux oh que je serais contente si tu obtenait quelquefois des éloges tous ceux qui manquent de raison sont à l'égard du sage comme s'ils n'était pas l'expérience apprends qu'il ne fauts pas dirent tout ce que l'on pensent à tout le monde et qu'il faut joindre la prudence du serpent à la simplicité de la colombe un roi qui as des qualités éminentes pour tenir chacun dans le devoir est un don du ciel il devrait vivre autant que la monarchie les crocodiles du Nil ne prennent pas seulement les chiens mais aussi les hommes cet animal quant à la figure du corps a quelque ressemblance a un lezard il est assez petit dans sa naissance mais il y en à dans le Nil qui ont jusqu'à dix-sept coudées de long le Nil est un grand fleuve d'Egypte et le plus grand de tous ceux qui ce décharge dans la méditerranée il a sept bouches et en ce débordant deux fois l'année il engraisses les terres et fait la fertilité de l'Egypte ou il ne pleut point.

RÉCAPITULATION.

THÊME.

Milton voyageant en Italie dans sa jeunesse vit représenter à Milan une comédie intitulée Adam ou le péché originel le sujet de cette comédie étoit la chûte de l'homme les acteurs étoit Dieu le père le diable les anges Adam Eve le serpent la mort et les ept péchés mortels la scène s'ouvrent par un chœur d'anges et Michel parlent ainsi au nom de ces confrères que l'arc en ciel soit l'archet du violon du firmament que les sept planètes soient les sept notes de notre musique que le temps batte exactement la mesure que les vents jouent de l'orgue ont donnait aux prêtres de Cybèle du blé de l'orge des légumes du pain du vin du sel des figues chacun selon ce qu'il avait et moyennant cela ils promettait à tout le monde la santé et la prospérité et aux jeunes filles un mariage prochain et heureux en toute matières ses prêtres mettoient tout à profit ile marchoit au son des flûtes et des tambours tant pour rendre la chose plus augustes qu'afin que le monde fut averti de leurs arrivée et tint prêt ce qu'il avait à leur donner on trouvent ce qui suit dans le poëme de Milton après la tenue des états infernaux satan s'apprête à sortirent de l'abîme il trouve la mort à la porte qui veux se battre contre lui ils étoient prêt à en venir aux mains quand le péché monstre féminin à qui des dragons sortent du ventre court au devant de ces deux champions arrétes ô mon père dit il au diable arrétes ô mon fils dit il à la mort et qui est tu donc répond le diable toi qui m'appelle ton père je suis le péché réplique ce monstre tu accoucha de moi dans le ciel je sortis de ta tête par le côté gauche Esope qualifient anes les habitants de Delphes qui n'avait que du mépris pour la sagesse il les appèlent les plus inutiles de tout les hommes et son plus

grand regret étoit de mourir par leurs mains car
comme ils alloit le précipité il s'écriat Jupiter
quel mal t'ai-je fait pour souffrirent injustement
la mort non point de la part de quelques bon chevaux de bataille ou de mulets de bonne race mais
de la part des plus méprisables de tout les ânes
l'âne et la brebis dit œlien sont des animaux
lâches mais ce qui rend l'âne méprisable surtout
c'est qu'il n'y a rien à tondre sur lui qu'il n'est
bon ni a rôtir ni a bouillir et qu'on n'en peut rien
tirer qu'avec le bâton Henri IV fut témoin de la
mort de Charles IX.

FIN.

www.ingramcontent.com/pod-product-compliance
Lightning Source LLC
LaVergne TN
LVHW020142070726
842527LV00017B/932